标准必要专利禁令滥用规制的法律理论与实务

——以FRAND条款为线索

李明 ◎ 著

WUHAN UNIVERSITY PRESS
武汉大学出版社

图书在版编目(CIP)数据

标准必要专利禁令滥用规制的法律理论与实务:以 FRAND 条款为
线索/李明著 . —武汉 : 武汉大学出版社,2023.6
ISBN 978-7-307-23394-2

Ⅰ.标⋯ Ⅱ.李⋯ Ⅲ.专利权法—中国 Ⅳ.D923.42

中国版本图书馆 CIP 数据核字(2022)第 198425 号

责任编辑:龚英姿   责任校对:李孟潇   版式设计:马 佳

出版发行:**武汉大学出版社** (430072 武昌 珞珈山)
    (电子邮箱:cbs22@ whu.edu.cn 网址:www.wdp.com.cn)
印刷:武汉邮科印务有限公司
开本:720×1000 1/16 印张:11 字数:177 千字 插页:1
版次:2023 年 6 月第 1 版 2023 年 6 月第 1 次印刷
ISBN 978-7-307-23394-2 定价:98.00 元

前　言

专利权作为一种重要的知识产权类型，从静态上观之，专利权人可在一定期限内获得技术垄断权，进而拥有积极使用权和消极排他权；从动态上观之，专利权也是参与市场竞争的重要工具。专利权人既可通过积极实施专利来控制市场，并获得高额利润，又可通过专利运营，抑制竞争对手占领目标市场，削弱竞争对手市场地位。在"技术专利化、专利标准化、标准垄断化"背景下，专利与标准的融合，使得专利权"如虎添翼"，以"标准必要专利"的面貌呈现于世。标准的公共性、开放性、强制性等特征，使得标准必要专利较之一般专利，能获得更大的市场影响力和控制力。"一切有权力的人都容易滥用权力"，标准必要专利权人极易利用标准必要专利所形成的市场支配地位优势，以标准必要专利禁令相威胁，收取过高的专利许可费、谋求不合理的许可条件等，从而对技术进步和市场竞争造成严重危害。

技术与标准的融合是科技发展与生产社会化的必然产物，标准必要专利的出现契合时代的发展与市场的需求。与此同时，标准必要专利禁令作为标准必要专利权人的基本权利救济手段，专利权人在其权利已受到损害或者即将受到损害时寻求禁令本也无可厚非。然而，一旦禁令救济超过法律规定的限度，便存在滥用之虞。可见，标准必要专利禁令是把双刃剑，利弊互见，如何拿捏、判断禁令滥用的规制界限至关重要。对禁令限制过松，将可能产生"专利劫持"等禁令滥用问题，进而引发垄断问题，对市场竞争造成严重危害；对禁令限制过多，会弱化标准制定者的参与意愿，影响标准质量，不利于生产社会化和管理现代化，同时还可能产生"专利反向劫持"问题。

标准必要专利禁令救济的限制，宏观上涉及产业政策与竞争政策的平衡问题，微观上涉及标准组织、标准必要专利权人、标准实施者之间的利益平衡问题。要规制标准必要专利禁令滥用，"因噎废食"和"矫枉过正"都不足为法。本书以"标准必要专利禁令滥用的法律问题"为主线，从"标准制定、竞争执法、司法裁量"等方面对禁令救济引起的法律问题进行了重点探讨，又从立法、执法、司法等法律运行的角度，对政策问题转化为法律问题过程中禁令救济的私法限制、禁令滥用的反垄断规制及司法防控等方面提出因应之策。在结构上，本书共分为七个部分。首先为引言部分，第一至五章为正文部分，第六章为结论部分。各部分主要内容如下。

导论部分，以当前所出现的标准必要专利禁令滥用现象为切入点，综合国内外文献研究，对本书的选题背景、选题意义、研究创新点、研究方法等加以详细论述。

第一章为标准必要专利禁令滥用及其规制的基本概述部分。首先，对标准必要专利、标准必要专利禁令、标准必要专利禁令滥用等概念加以界定。其次，梳理出标准必要专利禁令滥用的具体行为样态。最后，从制度、技术、竞争、利益等方面对标准必要专利禁令滥用的成因加以剖析。

第二章为标准必要专利禁令滥用规制国内现状部分。在对标准必要专利禁令滥用的规制边界加以剖析的基础上，明确我国标准必要专利禁令滥用的规制框架，尔后结合标准必要专利禁令滥用的规制实践，探寻规制标准必要专利禁令滥用的现实困境。

第三章为"标准制定部分：标准必要专利禁令滥用的 FRAND 问题分析"。其一，对标准制定组织的知识产权政策体系进行分析，重点对专利信息披露政策和 FRAND("公平、合理、无歧视")原则加以阐述，明晰 FRAND 原则、FRAND 承诺、FRAND 许可之间的关系。其二，对 FRAND 承诺的法律关系及 FRAND 承诺与禁令救济之间的关系加以论证，理顺标准制定组织、标准必要专利权人、标准实施者之间的逻辑关联，探求 FRAND 承诺的不同法律定性对禁令救济正当性的影响。其三，探讨 FRAND 原则体系对标准必要专利禁令滥用规制的重要意义。

第四章为"竞争执法部分：标准必要专利禁令滥用的竞争法问题分析"。首先，对"专利搭售、歧视性定价、不公平的高价、专利拒绝许可、收取过期专利许可费、不争执条款、不竞争条款、不合理条件的交叉许可"等竞争法领域的标准必要专利滥用行为进行剖析，并在此基础上明晰其与标准必要专利禁令滥用行为之间的区别和联系。其次，在标准必要专利禁令滥用构成市场支配地位滥用情形下，对"相关市场界定、市场支配地位的界定、市场支配地位滥用的类型"等反垄断问题进行厘清。最后，对经营者集中涉及标准必要专利时所附加之"行为性救济、FRAND 承诺、不得滥用禁令救济"限制性条件分别加以探讨。

第五章为"司法裁量部分：标准必要专利禁令滥用的私权救济问题分析"。第一，结合具体案例，对标准必要专利许可费争议的可诉性、标准必要专利许可谈判中的确定许可费率的影响因素、法院确定标准必要专利许可费率的方法进行分析。第二，结合美国的"eBay 案"、德国的"橘皮书案"、欧盟的"华为诉中兴案"以及中国的"华为诉 IDC 案"等，对标准必要专利禁令之诉及其所形成的裁判规则进行总结归纳，以对我国规制标准必要专利禁令滥用提供重要借鉴。第三，对提起标准必要专利禁令滥用反垄断民事诉讼的条件及法院在司法实务中认定标准必要专利禁令构成滥用的具体标准加以探讨。

第六章为"制度调适部分：我国标准必要专利禁令滥用的规制路径"。针对标准必要专利禁令滥用行为，在标准必要专利禁令滥用的民法规制层面，厘定 FRAND 原则的法律性质，明晰 FRAND 许可争议中请求权基础，同时对 FRAND 原则下标准必要专利禁令请求权的限制予以制度上的回应。在行政规制层面，重点关注标准必要专利禁令滥用的反垄断规则构建问题，以期实现垄断行为的类型化、判定路径的逻辑化、法律适用的精细化。在司法规制层面，重点关注法院在决定是否颁发禁令时的考量因素及禁令滥用的反垄断民事诉讼问题，通过细化标准必要专利诉讼类型、规范标准必要专利禁令救济程序、完善 FRAND 许可费的司法认定标准等举措，构建标准必要专利禁令滥用的司法规制体系。在协调规制层面，构建标准必要专利滥用协调规制体系，实现反垄断执法与反垄断司法审查认定标准的统一、司法救济下 FRAND 许可与行政救济下专利强制许可的衔接、反垄断民事诉讼与竞争执法的衔接。

结论部分，对标准必要专利禁令滥用的相关法律问题进行梳理和归纳。标准必要专利禁令滥用，在规制方式上，涉及 FRAND 原则下的政策约束、行政规制、司法规制等；在规制依据上，涉及民法、反垄断法及相关的司法解释等，所牵涉的领域十分广泛，所涉及的问题颇为复杂，非本书所能完成，还需要在学理上作更加深入的研究和在实践中不断探索。在厘清标准必要专利禁令滥用相关法律问题的同时，还应切时之需，不断积累实践经验、修正完善相关规则，进而形成完备、开放、系统的标准必要专利滥用法律规制体系。

目　　录

导　论

第一节　选题背景与选题意义

一、选题背景

专利法作为知识产权法的重要组成部分，在激励创新、促进技术进步等方面发挥着重要作用。随着科学技术的不断发展，专利与标准的融合不断加深，专利标准化趋势不断加强。纳入技术标准中的技术既可能是专利技术，也可能是公知领域的技术(现有技术)。然而，在科技发展日新月异、知识推陈出新的时代，一些技术标准为保证标准的最新性，将不可避免地使用专利技术方案，此时，对纳入技术标准之中的专利便可称之为"标准必要专利"。对标准必要专利的定义，有学者认为，其主要指"技术标准包含的必不可少和不可替代的专利，也即企业为生产某一技术标准体系下的产品而不得不使用和不可规避的专利。"[①]对于标准实施者而言，如欲使用某项含有专利技术的技术标准，则须获得标准必要专利权人的许可，否则标准必要专利权人将可能以侵权为由提起禁令之诉。

然而，标准必要专利权人在拥有专利权的同时，因标准必要专利在标准实施中的不可或缺性和不可替代性，又有标准必要专利所带来的"网络效应"和"技术锁定"效应的加持，为其进一步获取市场垄断力提供了重要的技术基础。每个标准必要专利都可能构成独立的相关市场，伴随标准必要专利权人市场支配力量的增强，权利滥用的风险相伴而生。在标准必要专利权人拥有市场支配地位的情形下，若以禁令救济相威胁，进而迫使被许可人接受其提出的不公平的高价许可费

---

① 王晓晔：《论标准必要专利的特殊性》，载《中国价格监管与反垄断》2015 年第 10 期。

或者其他不合理的许可条件(不争执条款、专利搭售、歧视性许可、交叉许可等)等,进行所谓的"专利劫持",将涉嫌标准必要专利禁令滥用。标准必要专利并非纯粹的市场竞争工具,而是兼具公权与私权双重特性,既涉及专利权保护问题,也涉及市场竞争问题。虽然专利纳入技术标准的事实本身并不绝对排斥禁令救济的适用,但较之一般专利许可和禁令救济,标准必要专利禁令救济更为复杂,涉及"公平、合理、无歧视"原则(以下简称"FRAND 原则")、FRAND 许可费确定、标准必要专利禁令之诉的审理、标准必要专利禁令滥用的反垄断规制等多重法律问题。

无论是"微软诉摩托罗拉案""华为诉 IDC 案""苹果与三星专利纠纷案""无线星球与华为纠纷案""华为诉康文森案"等涉及标准必要专利 FRAND 许可使用费的确定与计算等,还是"eBay 案""橘皮书案""华为诉中兴案"等对禁令之诉的审理标准的确定,都可以看到相关司法实践在解决标准必要专利禁令滥用所面临的难题以及为解决该问题所作出的积极尝试。

当前,我国在立法、司法、执法实践中也开始关注标准必要专利。

第一,立法层面:由国家标准化管理委员会、国家知识产权局联合制定的《国家标准涉及专利的管理规定(暂行)》(2014)对国家标准涉及专利的相关问题做了规范,如对权利人披露必要专利、作出专利实施许可声明等进行了明确的规定。国家市场监督管理总局于 2022 年所发布的《禁止滥用知识产权排除、限制竞争行为规定》(征求意见稿),明确规定了具有市场支配地位的经营者不得在标准制定过程中故意不向标准制定组织披露其权利信息,或者明确放弃其权利;没有正当理由,与具有竞争关系的经营者联合排斥特定经营者参与标准制定,或者排斥特定经营者的相关标准技术方案。国务院反垄断委员会发布的《关于知识产权领域的反垄断指南》(2019 年)对分析和认定标准必要专利经营者申请禁令救济是否排除、限制竞争所要考虑的因素进行了规定。

最高人民法院所出台的相关司法解释也对标准必要专利纠纷相关案件进行了规定,如《最高人民法院关于审理侵犯专利权纠纷案件应用法律若干问题的解释(二)》第 24 条对权利人违反 FRAND 原则后又请求停止标准实施行为的主张进行了限制,第 26 条对专利侵权诉讼中权利人停止侵害主张时的公共利益限制情形进行了规定。此外,北京市高级人民法院发布的《专利侵权判定指南(2017)》"不停止侵权抗辩"部分第149~153条中，对标准必要专利实施许可、许可谈判、侵权诉讼中的举证责任、标准必要专利禁令救济条件等问题作出了明确的界定。广东省高级人民法院出台的《关于审理标准必要专利纠纷案件的工作指引（试行）》（2018）对本区域内涉及标准必要专利纠纷的案件审理提供了工作指引。

第二，司法层面：在具体的司法实践中，涉及标准必要专利的案件开始涌现。如"华为诉IDC案"被称为我国标准必要专利第一案。此外，在最高人民法院的相关判决或批复中，也就标准必要专利的相关法律问题作出过阐释，如2008年的《最高人民法院关于朝阳兴诺公司按照建设部颁发的行业标准〈复合载体夯扩桩设计规程〉设计、施工而实施标准中专利的行为是否构成侵犯专利权问题的函》《张某与衡水子牙河建筑工程有限公司等侵害发明专利权纠纷提审案》等对实施标准必要专利所产生的侵权问题进行了具体规定。

第三，行政执法层面：2015年2月，国家发改委针对高通公司滥用无线标准必要专利许可市场和基带芯片市场支配地位实施垄断行为进行了行政处罚。同时，我国商务部也附加限制性条件批准过"谷歌收购摩托罗拉移动、微软收购诺基亚设备和服务业务，以及诺基亚收购阿尔卡特朗讯"等3个涉及移动通信标准必要专利的经营者集中案件，对经营者集中过程中涉及标准必要专利问题进行了具体阐释。

由此可见，当前我国立法、司法、执法都开始关注标准必要专利相关法律问题并积累了一定的经验。在吸收理论界和实务界关于规制标准必要专利禁令滥用的相关成果的基础上，学界对标准必要专利禁令的相关法律问题做系统的研究是有必要的。

二、选题意义

本书以标准必要专利禁令滥用法律问题为中心，结合相关案例及国内外相关研究，对标准必要专利禁令滥用的规制提出相应思考，具有一定的理论和实践意义。

第一，理论意义。我国学界对标准必要专利禁令滥用法律问题进行了较为广泛的研究，实践中也积累了一些司法或执法经验，但总体来看，系统的归纳和论证还不够。譬如对标准必要专利禁令的反垄断规制研究较多，但对诸如FRAND

承诺的法律性质、FRAND 承诺与标准必要专利禁令滥用之间的逻辑关联、标准必要专利禁令之诉中法院裁量标准以及 FRAND 许可费的计算与确定、标准必要专利禁令滥用的反垄断法适用等法律问题缺乏全面和系统的论证。

本书从以下四个维度对标准必要专利禁令滥用的法律问题进行系统分析，构建标准必要专利禁令滥用规制的理论框架分析体系。（1）标准制定组织知识产权政策维度：就 FRAND 原则对标准必要专利的约束进行分析，明晰 FRAND 承诺与标准必要专利禁令之间的内在逻辑关联。（2）司法裁量维度：就与标准必要专利禁令相关的诉讼类型划分为禁令之诉、FRAND 许可费纠纷之诉、反垄断民事诉讼三个层面，就司法审理标准必要专利禁令相关案件所面临的法律难题进行系统的阐释和论证。（3）竞争执法维度：就反垄断法在标准必要专利禁令滥用领域的适用等问题进行分析，明确标准必要专利禁令滥用的垄断行为类型及判定标准。（4）综合规制维度：对 FRAND 原则体系、标准必要专利禁令滥用反垄断规制体系、标准必要专利禁令滥用司法规制体系、标准必要专利禁令滥用的协调规制体系等加以系统的构建。

第二，实践意义。目前我国涉及标准必要专利禁令滥用规制的相关立法还仅处于初级阶段，主要散见于部门规章、最高院发布的相关司法解释等，面对不断涌现的标准必要专利禁令滥用案件，相关立法明显滞后，不能适应现实的需要。本选题的实践意义在于，通过对标准必要专利禁令滥用的相关法律问题进行系统分析，从竞争法、专利法、诉讼法等层面提出因应之策，为完善我国标准必要专利禁令滥用规制制度体系提供参考。

第二节　国内外研究现状

当前，国内外对标准必要专利禁令滥用进行了一定的研究，总体来看，主要集中在标准必要专利禁令概念界定、FRAND 原则的性质认定、标准必要专利禁令司法裁量、标准必要专利许可费确定、标准必要专利禁令滥用的反垄断规制等几个方面。

一、标准必要专利及其禁令概念分析

对于标准必要专利学界尚未形成统一的概念，在理论层面，有学者认为，标

准必要专利是"技术标准包含的必不可少和不可替代的专利"（王晓晔，2015）。① 也有学者认为，其主要指"要达到某一行业标准的要求而必须使用的专利"（林平，2015）。② 在实践层面，欧洲电信标准协会（ETSI）在其《知识产权政策》部分，将标准必要专利定义为："基于技术上的原因，考虑到通常的技术惯例和标准制定之时已有技术状况，都不可能不侵犯该项知识产权"。国际电信联盟（ITU）将其界定为"任何可能部分或完全覆盖标准草案中的专利或专利权利申请"。我国相关规范性文件对标准必要专利进行了界定："国家标准中涉及的专利应当是必要专利，即实施该项标准必不可少的专利"（国家标准委、国家知识产权局，2013）。③ 通过以上分析，可见，标准必要专利是专利发展的高级形态，如果说专利更多属于一种技术方案的话，那么，标准必要专利更多的属于一种技术门槛，这种技术门槛一般是在公知技术与专利技术的糅合中产生的。

对于标准必要专利禁令而言，核心术语在于对禁令概念的理解上。中英美法的禁令主要包括临时禁令和永久禁令。如美国禁令制度主要包括临时限制令、初步禁令、永久禁令三种，其中前两种在诉讼中所产生的禁令统称为临时禁令，永久禁令类似于停止侵权（Moton Denlow，2003）。④ 一般而言，标准必要专利禁令主要指停止侵权，而不包括诉前、诉中停止侵权。正因如此，有学者直接使用"标准必要专利停止侵权"这一用语（赵启杉，2017）。⑤ 具体到我国法律语境，我国在民法、专利法及民事诉讼法等相关法律法规中，虽并未直接使用禁令这一措辞，相关立法主要使用"停止侵害"或"停止侵权"这一术语，但考虑到，"TRIPs协议和英美法系国家在立法中大多使用禁令一词，由于世界知识产权立法受TRIPs协议影响较深，我国是TRIPs协议成员方，在知识产权理论界和实务界也普遍接受这一称谓"（张广良，2003）。⑥ 综上，从概念上来看，标准必要专利禁

① 王晓晔：《论标准必要专利的特殊性》，载《中国价格监管与反垄断》2015年第10期。

② 林平：《标准必要专利FRAND许可的经济分析与反垄断启示》，载《财经问题研究》2015年第6期。

③ 国家标准委、国家知识产权局：《国家标准涉及专利的管理规定（暂行）》第4条。

④ Moton Denlow, "The Motion for A Preliminary Injunction-Time for A Uniform Federal Standard", *Review of Litigation*, 2003, Vol. 22, No. 3, p. 495.

⑤ 赵启杉：《论标准必要专利侵权案件停止侵权抗辩规则的构建——兼论德国标准必要专利停止侵权抗辩规则之新发展》，载《中国专利与商标》2017年第2期。

⑥ 张广良：《知识产权侵权民事救济》，法律出版社2003年版，第52~61页。

令与标准必要专利停止侵权或停止侵害可以等同使用。

二、标准必要专利与 FRAND 原则

FRAND 原则指技术标准中含有某些专利技术，该专利权人公平、合理和无歧视地将该技术许可给其他专利权人和实施方（Carl Shapiro，2000）。[①] FRAND 原则本身虽仅仅是对"公平、合理和无歧视"的具体描述，但从原则的具体适用来看，它与禁令救济有着千丝万缕的关系，同时也是判断禁令救济正当性的重要依据。

（一）标准必要专利禁令救济与 FRAND 原则的关系

标准必要专利与 FRAND 原则具有紧密的联系，一般而言，在专利纳入标准过程中，标准制定组织往往会要求标准必要专利权人作出 FRAND 承诺（D. Curran，2003）。[②] FRAND 原则源自反垄断法和竞争法领域，是指标准必要专利权人向标准化组织作出的按照公平、合理、无歧视的条件许可其专利的承诺，从而对标准必要专利的实施许可加以有效规制（田丽丽，2015）。[③] 作出 FRAND 承诺本身并不意味着权利人失去或放弃禁令申请这一救济手段，若标准实施者在许可谈判中毫无诚意、恶意拖延，寻求禁令无疑是最佳救济方式（叶若思、祝建军等，2013）。[④] FRAND 原则是标准制定组织为了避免公共利益的损害而制定的，在谈判、许可到诉讼等标准必要专利不同实施阶段，标准必要专利权人都要受到 FRAND 原则的限制（黄菁茹，2016）。[⑤] 总体来看，FRAND 原则作为标准化组织一个重要的知识产权政策，在将该原则内化于制度过程中，FRAND

[①]　Carl Shapiro, "Navigating the Patent Thicket: Cross-Licenses, Patent Pools, and Standard Setting", *Innovation Policy and the Economy*, 2000, Vol. 1, No. 1, pp. 119-128.

[②]　Patrick D. Curran, "Standard-Setting Organizations: Patents, Price fixing, and *Per Se* Legality", *The University of Chicago Law Review*, 2003, Vol. 70, No. 3, pp. 983-1009.

[③]　田丽丽：《论标准必要专利许可中 FRAND 原则的适用》，载《研究生法学》2015 年第 2 期。

[④]　叶若思、祝建军等：《标准必要专利使用费纠纷中 FRAND 规则的司法适用——评华为公司诉美国 IDC 公司标准必要专利使用费纠纷案》，载《电子知识产权》2013 年第 4 期。

[⑤]　黄菁茹：《论 FRAND 原则对标准必要专利权行使的限制》，载《知识产权》2016 年第 1 期。

原则关乎着禁令救济的正当性。

(二)FRAND 承诺的法律性质

若将 FRAND 原则作为一种静态的条款的话，那么 FRAND 承诺便是基于该条款在实践中运用的结果。在"华为诉 IDC 案"中，广东省高级人民法院(2013)粤高法民三终字第 305 号民事判决书中上诉人 IDC 公司的抗辩理由称，"FRAND 承诺本身不是合同，专利权人加入标准化组织并做出 FRAND 许可承诺，只表明专利权人愿意与标准实施者即被许可人通过谈判的方式而达成正式的标准必要专利许可合同"。

理论上，目前学界对 FRAND 承诺的法律性质存在较大争议。总体来看，有学者从"要约说""缔约过失说""侵权说""默示许可说"等层面，对 FRAND 承诺的法律属性予以分析(何怀文、陈如文，2014)。[1] 具体观之，有学者认为，标准必要专利权人在作出 FRAND 承诺之时，意味着其已放弃了寻求禁令这一重要救济手段(Joseph S. Miller，2007)。[2] 也有学者认为，FRAND 承诺，不仅仅是专利权人与标准化组织之间的合同关系，还包括专利权人与标准必要专利实施者之间的默认许可关系(朱雪忠、李闯豪，2016)。[3] 还有学者认为 FRAND 承诺只是标准必要专利权人提出的要约邀请，此承诺仅具有形式意义，不能从中推导出其对于标准必要专利权人的权利有所限制的含义(魏立舟，2015)。[4] 也有学者认为，基于 FRAND 原则所成立的合同主要有利益第三人合同和普通的许可合同(王配配，2016)。[5]

---

[1] 何怀文、陈如文：《技术标准制定参与人违反 FRAND 许可承诺的法律后果》，载《知识产权》2014 年第 10 期。

[2] Joseph S. Miller, *Standard-Setting, Patents, and Access Lock-in: FRAND Licensing and the Theory of the Firm*, 40IND. L. REV. 351, 358 (2007).

[3] 朱雪忠、李闯豪：《论默示许可原则对标准必要专利的规制》，载《科技进步与对策》2016 年第 23 期。

[4] 魏立舟：《标准必要专利情形下禁令救济的反垄断法规制——从"橘皮书标准"到"华为诉中兴"》，载《环球法律评论》2015 年第 6 期。

[5] 王配配：《标准必要专利许可 FRAND 原则的法律地位分析》，载《生产力研究》2016 年第 2 期。

三、标准必要专利禁令申请的司法裁量

禁令之诉作为标准必要专利诉讼的主要类型，但并非唯一类型。譬如在"标准必要专利权人与标准实施者双方谈判存在争议时，寻求禁令并不是唯一手段，双方还可就 FRAND 许可要约相关争议事项交由合适的法院或仲裁机构裁决"（王斌，2014）。① 此时便可能产生标准必要专利 FRAND 许可费之诉和标准必要专利反垄断民事诉讼。综合来看，需要法院对标准必要专利禁令相关诉讼加以裁量的情形主要包括三个方面：一是当前标准必要专利权人提出禁令之诉时，法院需要权衡各种因素决定是否颁发禁令；二是当前标准必要专利权人与标准实施者对 FRAND 许可费存在争议时，法院需要依据一定标准和方法确定合适的 FRAND 许可费率；三是当他人就标准必要专利权的禁令滥用行为提出反垄断民事诉讼时，法院需要就禁令救济是否构成垄断行为加以判断。

（一）标准必要专利禁令之诉

标准必要专利面临被侵权的风险或者已经被侵权时，向法院提出禁令申请，要求当事人为或不为某一特定行为（Bean David，2007）。② 标准必要专利引发的诉讼主要围绕"按照公平、合理、无歧视（FRAND）原则许可标准必要专利、标准必要专利的禁令救济"两个问题（史少华，2014）。③ 面对标准必要专利禁令申请，法院在司法裁量时，需权衡各方利益，避免专利劫持和专利反向劫持的发生。所谓专利劫持，主要是指必要专利权人以禁令或诉讼相威胁的方式，向标准必要专利实施者收取高于合理费率的许可费（孟雁北，2014）。④ 专利反向劫持主要指专利技术利用人（通常为拥有大量专利的大公司）以种种理由或借口拒绝接受专利许可或通过种种手段拖延取得许可（胡允银、林霖，2016）。⑤

① 王斌：《关于标准必要专利禁令救济的思考》，载《电子知识产权》2014 年第 11 期。

② Bean David, *Injunctions*, 9th ed., Sweet & Maxwell, 2007.

③ 史少华：《标准必要专利诉讼引发的思考——FRAND 原则与禁令》，载《电子知识产权》2014 年第 1 期。

④ 孟雁北：《标准制定与实施中 FRAND 承诺问题研究》，载《电子知识产权》2014 年第 11 期。

⑤ 胡允银、林霖：《当代专利制度改革的理论思潮：劫持论与反向劫持论》，载《科技进步与对策》2016 年第 6 期。

是否支持权利人提出的禁令请求，美国联邦最高法院在 eBay 案中确立了永久禁令颁发的"四要素检验标准"（U.S.，2006）。① 德国"橘皮书标准案"则确立了将反垄断抗辩制度正式引入专利侵权诉讼之中，如果被控侵权人欲阻止法院判决禁令救济，可提出反垄断或强制许可抗辩，提交相关证据证明权利人存在违反竞争法或滥用知识产权等情形（赵启杉，2015）。② "华为诉中兴案"则确立了协商意愿原则，对标准必要专利持有者向涉嫌被控侵权人寻求禁令救济设定限制性条件（CJEU，2014）。③ 为保护标准实施者基于 FRAND 原则之下所产生的信赖利益（也即标准实施者相信标准必要专利权人会按照 FRAND 原则的要求进行实施许可，从而事先实施了该标准并作了生产经营等方面的准备），在标准实施者未明确拒绝支付使用费的情形下，法院不得支持专利权人的停止侵权请求（李扬、刘影，2014）。④

（二）标准必要专利 FRAND 许可费的可诉性

由于 FRAND 原则本身的含义模糊性，许可使用费是否公平合理无歧视便成了涉及技术标准的专利纠纷的双方当事人之间的争议焦点（张平，2014）。⑤ 标准必要专利使用费纠纷具有民事司法的可诉性（叶若思、祝建军等，2013）。⑥ 但也有学者认为，专利许可费计算的复杂性，使得法院难以作出符合 FRAND 原则的专利许可费认定。单纯许可费争议在合同制度下不具有可诉性。反垄断之诉、强制许可均不会导致由法院裁定专利许可费（马海生，2016）。⑦ 在《国家标准涉及专利的管理规定（暂行）》中，"FRAND"原则被明确规定，从而使得该类案件的请求权基础问题得以解决。只是由于这一规定属于部门规章，只有被法院"参照适

---

① 参见 *eBay Inc. v. MercExchange*，*L. L. C.*，547 U. S. 388，391（2006）。

② 赵启杉：《竞争法与专利法的交错：德国涉及标准必要专利侵权案件禁令救济规则演变研究》，载《竞争政策研究》2015 年第 2 期。

③ *Huawei v. ZTE*，CJEU，20 November 2014，Case C-170/12.

④ 李扬、刘影：《FRAND 标准必要专利许可使用费的计算——以中美相关案件比较为视角》，载《科技与法律》2014 年第 5 期。

⑤ 张平：《涉及技术标准 FRAND 专利许可使用费率的计算》，载《人民司法》2014 年第 4 期。

⑥ 叶若思、祝建军等：《标准必要专利使用费纠纷中 FRAND 规则的司法适用——评华为公司诉美国 IDC 公司标准必要专利使用费纠纷案》，载《电子知识产权》2013 年第 4 期。

⑦ 马海生：《标准必要专利许可费司法定价之惑》，载《知识产权》2016 年第 12 期。

用"的效力(罗娇、冯晓青, 2014)。①

(三)标准必要专利禁令滥用的反垄断民事诉讼

我国反垄断法的实施存在公共实施和私人实施之分,前者指反垄断执法机关的行政执法,后者指包括自然人、法人在自身合法利益受到垄断行为侵害情形下,通过诉讼或其他方式维护自身权益的过程(李国海, 2006)。② FRAND 原则在反垄断法实施中的应用既存在于公共执法方面,也存在于反垄断民事诉讼方面。③ 2011 年 12 月 6 日,华为公司便以美国 IDC 公司违反了《中华人民共和国反垄断法》(以下简称《反垄断法》)中有关滥用市场支配地位规定为由,向深圳市中级人民法院提起了反垄断诉讼,该种诉讼在某种意义上便可称之为反垄断民事诉讼。虽然反垄断民事诉讼案件在我国司法实践中并不多见,但当标准必要专利禁令滥用构成垄断行为时,当事人也可以提出标准必要专利滥用的反垄断民事诉讼。

(四)标准必要专利 FRAND 许可费的确定与计算

标准必要专利许可费定价主要包括司法裁判定价和双方合议谈判定价两种方式(丁文联, 2015)。④ 司法实践中,标准必要专利 FRAND 许可费的确定方法包括假想谈判方法、事先基准的计算方法、价值增值计算方法、可比较许可计算方法等(李慧颖, 2015)。⑤ 法院在基于 FRAND 原则确定标准必要专利许可费及其费率时,需综合考虑研发成本、专利贡献率、专利历史许可信息、专利质量等因

---

① 罗娇、冯晓青:《标准必要专利使用费纠纷中"FRAND"义务的司法认定——"华为技术有限公司与 IDC 公司标准必要专利使用费纠纷上诉案"探析》,载《中国法律(香港)》2014 年第 1 期。

② 李国海:《反垄断法实施机制研究》,中国方正出版社 2006 年版,第 31 页。

③ 林平:《标准必要专利 FRAND 许可的经济分析与反垄断启示》,载《财经问题研究》2015 年第 6 期。

④ 丁文联:《专利劫持与反向劫持:裁判定价或谈判定价》,载《竞争政策研究》2015 年第 2 期。

⑤ 李慧颖:《专利劫持和反向专利劫持的法律关注》,载《竞争政策研究》2015 年第 2 期。

素(杨东勤,2016)。① 在 FRAND 许可费率计算过程中,要在确保专利权人继续参与标准的制定与标准实施者能够使用该标准之间加以权衡(罗娇,2015)。② 在"华为诉 IDC 案""苹果与三星专利纠纷案""无线星球与华为纠纷案""华为诉康文森案"等案例中对比较分析法、自上而下法两种标准必要专利许可费计算方法涉足较多。

四、标准必要专利禁令滥用的反垄断规制

标准必要专利滥用与标准必要专利禁令滥用是两个不同的概念,一般而言,标准必要专利禁令滥用属于标准必要专利滥用的重要组成部分。譬如标准必要专利滥用主要包括拒绝许可、过高专利许可费、搭售非必要专利等,其反垄断法规制与一般的专利滥用或市场支配地位滥用的规制有所区别(李丹,2015)。③ 综合来看,标准必要专利禁令滥用的反垄断规制主要集中在市场支配地位滥用和经营者集中等领域。

(一)市场支配地位滥用

拥有标准必要专利并不必然导致市场支配地位,应综合经营者在相关市场的市场份额及竞争状况以及其他经营者进入相关市场的门槛条件等因素加以整体判断(林秀芹、刘禹,2015)。④ 若标准必要专利权人利用其市场支配地位优势,以禁令相威胁进行专利拒绝交易,产生排除、限制竞争效果的,便涉嫌标准必要专利禁令救济的滥用,此时可通过反垄断法的介入来规制该滥用行为(王渊、赵世桥,2016)。⑤ 有学者认为,专利拒绝许可、专利搭售、不争执条款、专利费叠加等滥用行为并不能完全吸收标准必要专利禁令滥用行为,鉴于其行为样态相对

---

① 杨东勤:《确定 FRAND 承诺下标准必要专利许可费费率的原则和方法——基于美国法院的几个经典案例》,载《知识产权》2016 年第 2 期。

② 罗娇:《论标准必要专利诉讼的"公平、合理、无歧视"许可——内涵、费率与适用》,载《法学家》2015 年第 3 期。

③ 李丹:《滥用标准必要专利的反垄断法规制》,载《价格理论与实践》2015 年第 10 期。

④ 林秀芹、刘禹:《标准必要专利的反垄断法规制——兼与欧美实践经验对话》,载《知识产权》2015 年第 12 期。

⑤ 王渊、赵世桥:《标准必要专利禁令救济滥用的反垄断法规制研究》,载《科技管理研究》2016 年第 24 期。

定型，应将标准必要专利禁令滥用行为作为一种独立的滥用市场支配地位类型予以规制(韩伟、徐美玲，2016)。①

反垄断法在规制此类行为时，外生性条件上，有必要通过分析标准之间的竞争情况、标准必要专利所占的市场份额、标准是否为强制性标准、标准产品与非标准产品之间的竞争情况、技术转移成本等因素来认定标准必要专利权人是否具有市场支配地位，内生性条件上，则需要结合标准必要专利权利人与专利使用者两方面的情况来判定标准必要专利权利人的禁令申请行为是否构成滥用权利(吴太轩，2017)。②

(二)经营者集中审查

我国商务部也附加限制性条件批准过"谷歌收购摩托罗拉移动、微软收购诺基亚设备和服务业务，以及诺基亚收购阿尔卡特朗讯"等 3 个涉及移动通信标准必要专利的经营者集中案件。经营者集中审查作为反垄断法中的预防性措施，在经营者集中过程中，通过事先申报机制，防止并购后可能产生的垄断行为。我国反垄断法的执法实践表明，执法机关很少作出禁止并购的决定，商务部对涉及标准必要专利的并购交易也是全部予以附条件的批准，包括行为性救济、FRAND承诺、不得滥用禁令救济(王晓晔、丁亚琦，2016)。③ "在执法机构有充分证据证明交易当事人之前存在频繁利用禁令攻击竞争对手的情形中，应对集中后标准必要专利权人不得使用禁令作出明确要求"(刘武朝，2014)。④

综合来看，当前，学理上对标准必要专利禁令给予了一定的研究，但相关研究集中于 FRAND 原则(承诺)及其性质认定、标准必要专利禁令之诉的司法裁量、标准必要专利禁令的反垄断规制等局部问题，对标准必要专利禁令法律问题缺乏系统、综合性的研究，如对 FRAND 原则对标准必要专利实施全过程的影响、

---

① 韩伟、徐美玲：《标准必要专利禁令行为的反垄断规制探析》，载《知识产权》2016 年第 1 期。

② 吴太轩：《标准必要专利权人滥用禁令请求权的反垄断法规制》，载《竞争政策研究》2017 年第 2 期。

③ 王晓晔、丁亚琦：《涉及标准必要专利的经营者集中控制》，载《华东政法大学学报》2016 年第 6 期。

④ 刘武朝：《标准必要专利与经营者集中附加限制性条件》，载《工业技术创新》2014 年第 3 期。

FRAND 原则与标准必要专利禁令救济的关系，标准必要专利禁令滥用的司法规制与行政规制的协调等问题还缺乏深入的研究。

第三节　研究创新点、研究方法

一、研究创新点

第一，体系创新：建立了系统的标准必要专利禁令滥用分析框架。当前，学界从不同角度对标准必要专利禁令滥用法律问题进行了探讨，为标准必要专利禁令滥用的规制提供了理论支撑。但在研究视角上，相关成果多着眼于 FRAND（公平、合理、无歧视）原则与禁令救济、标准必要专利禁令滥用的反垄断规制、标准必要专利禁令之诉等某一方面的问题，不免窥豹一斑，缺乏从全域的视角对各种法律问题加以系统整合。本书通过跨学科、多学科融合研究，系统整合各学科领域相关研究成果，从标准制定组织政策约束、司法规制、行政干预等方面，对标准制定组织的知识产权政策、与标准必要专利禁令诉讼相关问题、标准必要专利禁令救济的反垄断规制等不同法律问题加以通盘思考，以期构建集 FRAND 相关规则约束体系、行政规制体系、司法规制体系、协调规制体系于一体的标准必要专利滥用规制框架。

第二，视角创新：以 FRAND 原则为线索对标准必要专利禁令救济的正当性问题加以系统阐释。FRAND 原则虽从标准制定组织的知识产权政策孕育而出，但在标准具体实施过程中，其已从政策问题转变为法律问题。据此，本书以 FRAND 原则为线索，着眼许可谈判、实施许可、侵权诉讼等标准实施全过程，在将标准必要专利权人基于 FRAND 原则所作出的 FRAND 承诺定性为利益第三人合同的基础上，系统阐述 FRAND 承诺"对禁令申请的影响、对禁令救济是否被认定为市场支配地位滥用的影响、对专利许可费定价的影响、对法院决定是否颁发禁令的影响"等关键性问题，进而明确标准必要专利禁令救济的合法性和正当性条件，为从不同层面规制标准必要专利禁令滥用提供法理依据。

第三，实践创新：构建了标准必要专利禁令滥用规制体系。标准必要专利禁令滥用牵涉民法、专利法、竞争法、诉讼法等领域法律问题，这决定了标准必要专利滥用规制方式的多元性。在 FRAND 原则及其规则约束体系下，从民法、专利法、诉讼法等方面提出完善专利信息披露规则、明晰标准必要专利相关纠纷的请求权基础、建立 FRAND 许可谈判机制等建议。在行政规制体系下，对标准必要专利禁令滥用反垄断规制中"垄断行为类型化、判定路径逻辑化、法律适用精细化"等问题予以制度上的回应。在司法规制体系下，结合国内外典型案例，对标准必要专利禁令之诉及裁判规则的完善提出了具体法律思考。在协调规制体系下，对 FRAND 许可与专利强制许可的衔接、反垄断民事诉讼与竞争执法的衔接等规则的完善提出了具体对策。

二、研究方法

在研究过程中，笔者将综合运用文献分析、比较研究、历史分析和实证分析等研究方法。

(一)文献分析法

对涉及标准必要专利禁令滥用的国内外相关主题文献加以归纳、整理、吸收，全面了解标准必要专利禁令滥用的学术研究趋势以及争论焦点、难点，为后续研究做好充足的理论准备。

(二)比较研究法

比较国内外及相关地区涉及标准必要专利禁令的相关制度、判例(案例)、规定等，凝练出其规制路径、规制方法、规制模式等，为我国标准必要专利禁令滥用的规制及相关制度设计提供有益借鉴。

(三)历史分析法

了解国内外标准必要专利禁令的相关立法、司法实践进程，揭示其发展态势和趋势，通过不同阶段的对比分析，对标准必要专利禁令相关法律问题进行深层的把握和剖析。

(四)实证分析法

对涉及标准专利禁令的相关代表性案例进行分析，澄清和阐明标准必要专利禁令相关法律问题，提炼一些案例或判例的成功经验，佐证、支撑研究观点。同时，通过实地调研、资料查阅、政策咨询和参加学术会议对现有的研究成果进行比较分析和归纳总结，把握标准必要专利禁令滥用规制现状，为标准必要专利禁令滥用相关法律问题的研究提供实证基础。

三、研究技术路线图

本书通过跨学科、多学科融合研究，按照标准的制定及标准必要专利实施、禁令救济、禁令滥用规制的发生顺序，以 FRAND 原则（"公平、合理、无歧视"）为逻辑线索，引申出标准制定层面、竞争执法层面、司法裁量层面各自所引起的法律问题，并在此基础上提出禁令滥用的具体规制对策及协调规制路径，① 进而形成"点、线、面"于一体的禁令滥用分析框架（如图 0-1 所示）。具体到总体结构上，按照"总（对标准必要专利禁令滥用基本理论设专章加以交代）→分（以 SEP 禁令滥用的法律问题为主线，设二、三、四章从标准制定、司法裁量、竞争执法三个方面对禁令救济引起的法律问题进行探讨）→总（结合标准必要专利禁令滥用相关法律问题提出具体的规制措施）"的结构加以搭建。

---

① 如反垄断执法与反垄断司法审查认定标准的统一、司法救济下 FRAND 许可与行政救济下专利强制许可的衔接、反垄断民事诉讼与竞争执法的程序衔接。

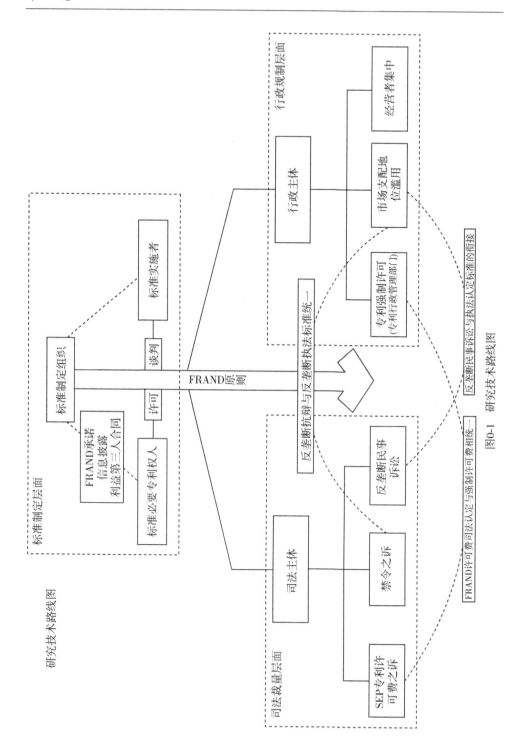

研究技术路线图

标准制定层面

标准制定组织

标准实施者

FRAND承诺
信息披露
利益第三人合同

标准必要专利权人

谈判

许可

FRAND原则

行政规制层面

行政主体

经营者集中

市场支配地
位滥用

专利强制许可
(专利行政管理部门)

反垄断抗辩与反垄断执法标准统一

司法裁量层面

司法主体

禁令之诉

反垄断民事
诉讼

SEP专利许
可费之诉

FRAND许可费司法认定与强制许可费相统一

反垄断民事诉讼与执法认定标准的衔接

图0-1　研究技术路线图

第一章 基本理论部分：标准必要专利禁令滥用概述

标准必要专利作为专利、技术、标准三者融合的产物，属于专利权运用的高级形态。较之普通专利，标准必要专利的禁令救济将受到更多的限制，一旦标准必要专利权人逾越设定的限制条件，将可能构成滥用。然而，标准必要专利禁令滥用的产生具有制度、技术、竞争等多方面的成因，从我国目前的规制实践来看，还有诸多法律问题亟待解决。标准必要专利禁令滥用的概念，标准必要专利禁令滥用的产生成因，我国当前如何规制标准必要专利禁令滥用，在规制标准必要专利禁令滥用上面临哪些困境，下文将对以上问题及标准必要专利滥用及其规制的基本理论加以具体阐释。

第一节 标准必要专利禁令滥用的逻辑推演

标准必要专利禁令滥用并不是一个孤立的概念，需要在技术与标准融合背景下，结合我国现实法律语境加以综合把握。综合来看，标准必要专利是为实施某些技术标准而无法避开的专利，标准必要专利禁令救济则类似于我国法律语境中的停止侵权或停止侵害。在标准必要专利领域，禁令滥用主要指"标准必要专利权人在专利许可中违反 FRAND 承诺，以禁令相威胁，向专利实施者索取高额专利许可费或不合理的许可条件"。

一、技术、专利、标准的融合——"标准必要专利"的界定

标准的含义主要指"技术所必须要达到的规格、质量等作出最低限度的要求

以及技术标准中所含的技术方案必须是充分且完备的"。[1] 标准具有多种分类，[2] 其中按照标准形成过程及制定主体的不同，"技术标准可划分为法定标准和事实标准，前者指由政府及其授权的标准化组织或国际标准化组织制定或确认的技术标准，后者是由处于技术领先地位的企业、企业集团制定由市场实际接纳的技术标准"。[3] 尤值一提的是，事实标准一般是在市场竞争中处于竞争优势的单个或者少数企业选择、制定或者颁布的标准，其在一定的条件下可转化为法定标准。

本书语境下的"标准"更多指向法定标准。标准与创新、市场之间具有紧密的联系，标准是不兼容技术之间为抢占市场制高点而产生，"是在一定领域为统一产品或服务的指南、规则、特性而制定某种最优秩序，形成一种共同遵守和反复适用的，带有指导性、强制性的技术规范"。[4]《中华人民共和国标准化法》（以下简称《标准化法》）（2017）将标准（含标准样品）定义为"农业、工业、服务业以及社会事业等领域需要统一的技术要求"。一旦某一标准得以广泛推广和实施，将极易产生网络和技术锁定效应。现有技术改进须与某一标准相适应也即技术兼容，否则其产品将无法满足市场要求或消费者需求，这在通信行业等高新技术领域表现得尤为明显。在其他行业领域，技术的应用或产品的开发可能会产生于标准之前，而在通信行业，先有产业后有标准的模式被打破。鉴于通信设备唯有符合相同的技术标准方可互联互通，故标准的提出往往先于通信产品或设备的产生。[5] 如果某一标准含有专利技术，他人实施该标准，须得到该专利权人的许

---

① 张平、马晓：《标准化与知识产权战略》，知识产权出版社 2005 年版，第 24 页。

② 譬如以技术标准的适用范围区分，又可将技术标准划分为企业专用标准、行业标准、国家标准、国际标准。参见王众、刘刚：《论知识产权视野中的技术标准》，载《云南警官学院学报》2009 年第 2 期。

③ 詹映、朱雪忠：《标准和专利战的主角——专利池解析》，载《研究与发展管理》2007 年第 1 期。

④ 张平、马晓：《标准化与知识产权战略》，知识产权出版社 2005 年版，第 18 页。

⑤ 举例来讲，CDMA2000、WCDMA 和 TD-SCDMA 是我国 3G 无线通信设备的主要标准，而该标准又是工业和信息化产业部参照 3GPP 和 3GPP2 等国际标准而制定的国家行业标准。中国移动、中国联通、中国电信等电信运营商采购设备时都会要求产品符合上述标准。美国的 3G 无线通信行业标准 CDMA2000 和 WCDM 也是采用了前述两种国际通信标准。我国内地 3G 无线通信设备的生产商所制造的产品无论是在中国销售还是向美国出口，也必须遵照 3GPP 和 3GPP2 国际标准，方具有在中国和美国的市场上进行销售的可能。参见王晓晔：《我对华为诉 IDC 一案的看法——以相关产品市场的界定为视角》，http://www.iolaw.org.cn/showArticle.aspx? id = 3934，访问日期：2017 年 11 月 20 日。

可，否则将构成侵权。总体来看，本书语境下的标准主要指法定标准，但在范围上主要包括国际标准及推荐性国家标准、行业标准、地方标准，不包括强制性标准、团体标准、企业标准。

从客观层面来看，随着专利制度的不断完善及人们专利意识的不断增强，专利申请量不断提高，专利技术覆盖了大部分的技术研发成果，使得某一标准的形成往往绕不开专利技术，技术的标准化有其客观存在的基础。

从主观层面来看，标准作为专利技术发展的高级形态，受利益最大化的影响，专利权人往往会希望自己的某项专利纳入标准之中。尤其是，纳入标准之中的专利技术相当于利用公权力来推广和实施其专利技术，免去了其为寻找市场中的专利实施许可对象所产生的各种成本。对于已经进入某些技术标准之中的专利，便属于标准必要专利。

对于标准必要专利概念的界定，国际电信联盟(ITU)将其描述为，"任何可能完全或部分覆盖标准草案的专利或专利申请"。欧洲电信标准协会(ETSI)则将其定义为，"考虑到通常的技术惯例以及标准制定之时的已有技术状况，若不侵犯知识产权，在技术上(而非商业上)均不能制造、销售、出租、处置、维修、使用或者操作符合某一标准的设备或者方法"。[1] 有学者将其定义为"技术标准中包含的必不可少和不可替代的专利，即为实施技术标准而不得不使用的专利"。[2] 在我国规范性文件中，称必要专利为实施标准必不可少的专利。[3] 综合观之，标准必要专利具有不可替代性等特征，也即一旦他人实施该项标准便涉及技术标准中所含专利技术方案的使用，此时，标准实施者就需要寻求权利人的许可，否则将可能存在侵权的风险。

二、"标准必要专利禁令救济"释义

对于"禁令"一词，在不同的国家或地区具有不同的表述。《牛津法律大辞典》将禁令定义为，"根据权利人的申请，在诉前或诉中也即对争议事项进行全审理之

---

[1]　ETSI, " ETSI rules of procedure ", http：//www.etsi.org/images/files/ipr/etsi-ipr-policy.pdf，访问日期：2015 年 11 月 24 日。

[2]　王晓晔：《标准必要专利反垄断诉讼问题研究》，载《中国法学》2015 年第 6 期。

[3]　国家标准委、国家知识产权局：《国家标准涉及专利的管理规定(暂行)》第 4 条。

前，法官责令极有可能侵权的当事人实行某种行为，或禁止一定行为的命令"。①
在该语境下，禁令属于一种程序性权利而非经过法院进行实体判决后所颁发的
禁令。

在美国，禁令在类型上主要划分为临时限制令、初步禁令、永久禁令三
种。② 与之相对应，大陆法系国家将禁令称之为"假处分"。在德国和日本等法律
中，假处分则划分为"一般假处分"和"暂时状态的假处分"。③ 对于我国而言，虽
然"禁令"一词古已有之，但近现代意义上的"禁令"制度属于舶来品。④ 我国法律
并未采用"临时措施""临时禁令""禁令"等表述，而是以"诉前停止侵权""停止
侵权行为""停止侵害"等对禁令加以描述。⑤ 其中诉前停止侵权与英美法系中的
临时限制令类似，主要指"在诉讼进行中，为阻止可能发生的损害或保护有争议
的财产，法院颁布具有期限限制的禁止令，直到法院对案件进行开庭审理为
止"。⑥ 初步禁令则主要指申请人提起诉讼后至法院作出最终判决前，经过听证
和辩论程序后由法院作出的救济措施，类似于我国的"诉中停止侵权"。永久禁
令则与我国的停止侵权(侵害)责任相类似，属于经法院实体审理后的法律责任
范畴。

就我国而言，有学者认为，"责令停止侵权行为"的表述有司法主动干涉私
权的嫌疑，为与国际社会保持一致，同时考虑实践中概念的接受程度和使用频
率，立法应以"禁令"这一术语取代"停止侵权"一词。⑦ 虽然我国在立法中主要使
用"停止侵害(侵权)"这一术语，但基于 TRIPs 协议和英美法系国家在立法中多
使用禁令这一表述，我国知识产权理论界和实务界也普遍接受这一称谓。⑧

综上所述，禁令一词在不同的语境下具有不同的含义，须根据具体情况加以

---

① David M. Walker：《牛津法律大辞典》，李双元等译，法律出版社 2003 年版，第 751 页。

② Moton Denlow, "The Motion for A Preliminary Injunction-Time for A Uniform Federal Standard", *Review of Litigation*, 2003, Vol. 22, No. 3, p. 495.

③ 参见《德国民事诉讼法》第935条，第940条，《日本民事保全法》第23条第1款、第2款。

④ 施高翔：《中国知识产权禁令制度研究》，厦门大学出版社 2011 年版，第 9 页。

⑤ 房德权、朱红英：《诉前临时禁令的适用条件》，载《中国知识产权报》2003年7月10日。

⑥ 薛波：《元照英美法词典》，法律出版社 2003 年版，第 696 页。

⑦ 何炼红、邓欣欣：《类型化视角下中国知识产权禁令制度的重构》，载《中南大学学报(社会科学版)》2014 年第 6 期。

⑧ 张广良：《知识产权侵权民事救济》，法律出版社 2003 年版，第 52~61 页。

把握。值得注意的是，标准必要专利禁令则更多属于实体法意义上的法律责任，也即经法院判决后所确定的停止侵权（侵害）责任，而不包括程序性意义上的临时禁令（诉前停止侵权或诉中停止侵权）。

三、标准必要专利禁令滥用行为样态

根据标准必要专利的提起禁令的动机，可将标准必要专利禁令滥用的行为逻辑归纳为三种类型。一是"专利劫持型"。主要指在专利许可谈判中，标准必要专利权人依仗标准必要专利所获得的"垄断力"，以禁令之诉相威胁，要求超过正常市场水平的专利许可费或其他不合理的许可条件。譬如专利搭售专利的歧视性或差异性许可、不合理的专利使用费、交叉许可等，都是"专利劫持"现象的不同变形。二是"专利陷阱型"。主要指标准必要专利权人在标准制定过程中未履行专利信息披露义务也即隐瞒标准中所含自己的技术方案。而当该专利技术纳入某项技术标准之后，他人实施该标准使用其专利技术时，权利人便以专利侵权为由，提起禁令之诉，要求专利侵权损害赔偿。"专利陷阱型"的形成，主要在于在标准制定过程中，专利权人隐瞒了其专利技术。尔后，专利权人依赖于标准的公共属性，借助公权力来推动其专利的实施。三是"专利壁垒型"。当标准实施者向标准必要专利权人寻求专利许可时，为将竞争对手排除在市场之外而进行专利拒绝许可或变相的专利拒绝许可，一旦他人为实施该标准而不得不使用其专利技术时，便向法院或执法机构申请禁令或排除令。

第二节　标准必要专利禁令滥用风险分析

标准必要专利禁令滥用的危害主要表现在扰乱专利许可市场、阻碍标准实施、破坏竞争政策与产业政策的平衡等方面。

一、扰乱专利许可市场

标准必要专利权人与标准实施者的专利许可谈判原本受 FRAND 原则（"公平、合理、无歧视"）①所约束，双方基于 FRAND 原则达成许可协议可在一定程

---

① 对 FRAND 原则将在后文（第二章）中加以详细阐释。

度上促进各自利益的实现。然而，一旦标准必要专利权以禁令相威胁，迫使标准实施者接受不合理的许可费、歧视性价格、专利搭售、不合理的交叉许可、不争执条款等条件，便扰乱了正常的专利许可市场，对市场秩序造成严重破坏。

二、阻碍标准推广实施

标准组织设置 FRAND 条款的目的之一便是促进标准必要专利权人与标准实施者尽快达成专利许可合意，实现标准的顺利实施，进而提升产品和服务质量、推动社会经济发展。标准必要专利禁令滥用行为往往与专利拒绝许可行为相伴而随，这无疑为标准的实施设置了障碍。与此同时，标准禁令滥用行为还可使正在实施的标准得以停止，不利于标准的推广。

三、扭曲政策执行效果

在竞争政策与产业政策的失衡方面：竞争政策强调市场的自由竞争，产业政策强调政府对市场的干预。FRAND 原则作为标准组织、标准必要专利权人、标准实施者等妥协的产物，基于 FRAND 原则及其法律化，可最大程度上实现产业政策与竞争政策的平衡。一方面，可防止标准必要专利权人利用市场地位优势实施垄断行为，促进标准必要专利权人与标准实施者进行自由市场竞争；另一方面，在 FRAND 原则法律化过程中，政府可根据产业发展的需要来对 FRAND 原则做扩张或限缩解释，实现政府对标准必要专利许可市场的干预。而标准必要专利禁令滥用行为，既可能构成市场支配地位滥用，对市场自由竞争造成严重破坏，也可能违背 FRAND 原则或规则，与政府产业发展意图背道而驰。值得一提的是，以上主要从静态的角度来探讨禁令滥用可能造成竞争政策与产业政策的失衡。从动态上来看，在标准必要专利权人已然进行禁令滥用的情形下，禁令救济的司法态度及反垄断执法态度也可使原本失衡的竞争政策与产业政策得以矫正。

第三节　标准必要专利禁令滥用的成因分析

标准必要专利禁令救济作为一种基本权利救济手段，之所以存在滥用之情形，具有制度、技术、竞争、利益等多方面的成因。在制度层面，禁令救济的无限制适用，使得损害赔偿责任与停止侵权责任"一体相连"，法院在判决承担损害赔偿责任的同时，也会要求被控侵权人承担停止侵权责任，法律责任适用的惯性为禁令滥用提供了滋生的土壤。在技术层面，标准必要专利的不可替代性以及由此所形成的"技术锁定效应""网络效应"，为禁令滥用提供了客观的技术支撑。在竞争层面，标准必要专利作为一种重要的市场竞争工具，标准必要专利权人极有可能利用禁令救济来抑制竞争对手。也即权利人可能以禁令为竞争工具，以禁令救济之名，排除或限制竞争。在利益层面，标准必要专利给权利人所带来的市场竞争优势及谈判实力，极大地刺激了权利人追逐利益的动机，标准必要专利权人以禁令相威胁获得高于市场许可条件的垄断利益。

一、制度因素：禁令救济缺乏条件限制

禁令或停止侵权责任的适用在大陆法系国家和英美法系国家具有较大的差异。在英美法系国家，普通法与衡平法下的救济手段泾渭分明，禁令救济更多属于衡平法中的救济，在普通法中的损害赔偿责任无法弥补权利人的损失时，方可申请禁令救济。在德国、日本等大陆法系国家，则将侵权责任等同于损害赔偿责任（侵权之债），而将停止侵权纳入物权请求权之中。纵观大陆法系和英美法系等相关国家或地区，也只是在近年来才开始在知识产权领域关注损害赔偿责任和禁令（停止侵害责任）之间的替代适用。例如美国在 eBay 案之前，在专利侵权纠纷中，一般在判决损害赔偿的同时，也会支持权利人的禁令请求，但在该案之后，法院对禁令的颁发开始保持着较为谨慎的态度。在 eBay 案中所确立的永久禁令颁发"四要素检验标准"中，对禁令的颁发附加了"未来还存在侵权的可能且通过损害赔偿尚不足以抑制未来侵权行为的发生"等限制条件。德国在"橘皮书案"之前，在标准必要专利侵权案件中，一旦认定专利侵权成立，在损害赔偿之外，一般也会适用"停止侵害"责任，惟在涉及"公共利益"（且公共利益的界定也需要经过严格的审查）时排除适用。[①] 经过"橘皮书标准案""华为诉中兴案"之后，相关规则不断得以完善，开始从竞争法的角度来审视禁令颁发的不利后果。

虽然损害赔偿责任和停止侵权责任都是权利人重要的救济手段，但在专利权

---

① 孔祥俊：《知识产权保护的新思维——知识产权司法前沿问题》，中国法制出版社2013年版，第115页。

领域，停止侵权可能比损害赔偿带来更大的杀伤力。禁令的过度适用将可能导致专利劫持，使得被许可人支付更高的许可费。①

与大陆法系有关国家不同，我国的侵权责任体系除了损害赔偿责任之外，还将大陆法系有关国家中基于物权请求权、人格权请求权或知识产权请求权所产生的民事责任也纳入到侵权责任体系中来。② 也即"物权请求权在我国属于一种侵权民事责任，并非一种独立的请求权，物上请求权与侵权行为请求权合二为一，物权人的权利受到侵害后须依侵权行为而产生相应的请求权"。③ 如此一来，一旦认定侵权成立，损害赔偿责任和停止侵害责任可同时适用。尤其是将知识产权请求权视为准物权请求权的情形下，很容易将停止侵害请求权作为知识产权的权能来看待，从而引起停止侵害请求权的过度行使。④ 在我国专利侵权赔偿数额并不高的情形下，法院在判决损害赔偿时，通常也会依专利权人诉请同时判决停止侵权。

综上，可以看出，停止侵权责任的无限制适用（也即侵权成立则颁发禁令）广泛存在于所有的侵权法律领域，并未考虑知识产权领域侵权责任的特殊性，从而为标准必要专利禁令的滥用提供了滋生的土壤。正因如此，近年来，美国、德国等国家或地区开始通过司法判例的形式，来修正停止侵权（禁令）责任在标准必要专利领域的适用规则，防止因停止侵权责任的当然适用所引起的专利劫持现象。

二、技术因素：难以寻找替代技术

"技术相（等）同"与"技术替代"是两个不同的概念。技术相（等）同更多属于专利制度范畴下的概念。根据专利法的规定，同样的发明创造只能授予一项专利权，也即当两项技术方案在技术领域、解决问题、技术手段、技术效果等方面存

---

① Carl Shapiro, "Navigating the Patent Thicket: Cross Licenses, Patent Pools, and Standard Setting", In Adam Jaffe, Josh Lerner, Scott Stern, eds., *Innovation Policy and the Economy*: *Volume 1*, MIT Press, 2001.

② 龚赛红：《关于侵权责任形式的解读——兼论绝对权请求权的立法模式》，载《法学杂志》2010 年第 4 期。

③ 钱明星：《论物权的效力》，载《政法论坛》1998 年第 3 期。

④ 李扬、许清：《知识产权人停止侵害请求权的限制》，载《法学家》2012 年第 6 期。

在实质性相同时，因可能构成抵触申请，而不能被同时授予专利。换言之，若被控侵权产品的技术特征与某一专利权之权利要求中的技术特征相比，在手段、功能、效果达到统一，依全面覆盖和等同原则，则可能构成专利侵权，反之，若技术手段、功能、效果不同则不构成专利等同侵权。技术替代则更多是从市场竞争层面来讲的。"替代性技术"是指专利所涵盖的技术功能之间具有完全或部分相似性，其承载的产品可以进行相互替代。[①] 譬如，对某一"方法专利"而言，如果第三人采取的是不同于专利方法制造出该相同产品，其也不构成侵权。可见，生产或制造同一产品，可以有不同的专利方法或技术手段。专利权人对某一技术方案享有专有权，但并不能禁止他人对具有区别性技术特征的替代性技术方案享有权利。

正因专利技术之间可能存在的替代性，某一专利池中的专利可分为竞争性专利和非竞争性专利，竞争专利主要指在技术或技术产品市场上相互替代的专利。[②] 在现实中由于存在大量可替代性专利，如果有替代性专利进入专利联盟之中，权利人将无法取得预期的"敲竹杠"利润。[③] 替代性技术在标准必要专利领域，也可演化为标准化组织之间的竞争。譬如有学者认为，标准化组织所掌握技术的替代性为技术需求企业提供技术选择权，各替代性标准制定组织之间为了维护自身许可利益存在明显的竞争。[④] 但是，一项标准必要专利可构成一个独立的相关市场。某些专利技术在尚未成为标准必要专利之前，可能会存在着多个能够实现相同功能的竞争性技术，一旦该专利被纳入标准之中，在不存在竞争性标准的情形下，他人为实施技术标准将无法绕开该项专利技术，该专利技术在该技术

---

①　娄岩等：《基于专利分析的替代性技术选择研究》，载《科技管理研究》2015 年第 20 期。

②　岳贤平、顾海英：《专利联盟的微观机理研究》，载《情报科学》2006 年第 5 期。

③　Shapiro C., "Navigating the Patent Thicket: Cross Licenses, Patent Pools, and Standard-Setting", *Innovation Policy and Economy*, 2001, Vol. 1, No. 1, pp. 119-150. 转引自罗猷韬等：《竞争性专利联盟的形成分析》，载《东北大学学报(自然科学版)》2013 年第 6 期。

④　刘展、谈毅：《技术标准替代性与我国企业国际技术标准许可谈判策略研究》，载《科学学与科学技术管理》2008 年第 6 期。

标准之中便具有强制性和不可替代性。①

正是由于标准必要专利的不可替代性，标准必要专利权人在特定的许可市场中获得巨大的谈判优势和产业控制力，具有一定的市场支配地位。此时，当标准必要专利实施者为实施某一标准而无法绕开该必要专利，一旦实施该专利构成侵权或在专利许可谈判中，标准必要专利权人便可能以禁令相威胁或直接提起标准必要专利禁令诉讼，以索取高额的专利许可费或要求不合理的许可条件，滥用标准必要专利禁令。

三、竞争因素：抑制竞争对手

"专利标准化"在提高国际竞争力、控制产业标准、谋求行业话语权、抢占市场制高点等方面具有重要的作用。标准的制定过程也是占领市场制高点的过程。前已述及，标准必要专利具有不可替代性，标准必要专利权人往往利用所具有的市场支配地位优势，通过申请禁令来谋取不正当的竞争利益。

近年来，关于标准必要专利的相关案件可谓层出不穷，谷歌、微软、三星、摩托罗拉等公司都相继卷入专利诉讼大战，广受关注。譬如 2011 年摩托罗拉公司与苹果公司就专利许可费进行谈判，虽然苹果公司愿意摩托罗拉公司基于FRAND 原则确定专利许可费率，但摩托罗拉公司仍向德国曼海姆地区法院申请禁令，禁止苹果公司 iPhone 和 iPad 等产品在德国地区的销售。2014 年欧盟委员会认为摩托罗拉公司针对苹果公司所提出的禁令救济构成市场支配地位的滥用。

与摩托罗拉公司诉苹果公司案类似，在三星公司诉苹果公司案中，三星公司依仗其在移动通信领域所拥有大量的标准必要专利（主要存在于欧洲电信标准协会也即 ETSI 制定的 3G-UMTS 移动终端无线通信标准之中），2011 年向欧盟多个成员国法院提出禁令救济，随后，欧盟委员会就三星公司申请禁令的行为展开反

---

① 有学者认为，衡量标准必要专利不可替代性的标准可分为"单一技术性标准"与"技术性及商业性双重标准"两种，前者界定相关商品市场的范围只需从技术因素角度出发考察此标准必要专利是否存在替代技术方案，界定相关商品市场范围时不仅需要从技术因素角度出发考察此标准必要专利的可替代性，还需要保证不存在虽然低于技术标准要求，但可以带来与使用该标准必要专利相近的商业增值，从而具备商业上可替代性的技术方案。参见林秀芹、刘禹：《标准必要专利的反垄断法规制——兼与欧美实践经验对话》，载《知识产权》2015 年第12 期。

垄断调查，迫于压力，三星公司撤销了针对苹果公司的禁令之诉，2013 年和 2014 年先后 3 次(其中 2013 年下半年欧盟委员会先后 2 次拒绝了三星公司向其作出的承诺)向欧盟委员会作出在 5 年内不得在欧盟经济区内对智能手机和平板电脑寻求标准必要专利禁令救济的承诺。① 可见，权利人极易利用标准必要专利为其所带来的市场优势，试图通过禁令救济，达到限制竞争对手或取得许可谈判优势地位的目的。

四、利益因素：追求垄断利润

竞争的内在动因在于市场主体的物质利益驱动。市场经济条件下，市场主体的经济行为往往与经济利益交织在一起，追求利益的最大化成为市场主体的核心目标。对于标准必要专利权人而言，专利的不可替代性，使得专利的价值水涨船高。但标准必要专利人所处于的垄断优势，使其并不满足于正常的专利市场价值。为追求垄断利润，标准必要专利权人既可能不合理地进行专利拒绝许可，也可能以禁令相要挟，谋取高额专利许可费或不合理的许可条件，从而获得高于该专利正常市场价值的垄断利润。譬如在"高通案"中，高通公司利用其在 CDMA、WCDMA 和 LTE 无线通信标准必要专利许可市场及 CDMA、WCDMA 和 LTE 无线通信终端基带芯片市场的支配地位，② 在专利许可中，除了收取过期的无线标准必要专利许可费之外，还附加免费反向许可、不合理许可条件等。一旦被许可人拒绝不合理的许可条件，其将可能面临高通公司提起的专利侵权诉讼和禁令救济等风险。通过该种运营模式，高通公司从中获取了巨额垄断利润。正因如此，国家发展和改革委员会对高通公司进行了反垄断调查，并最终作出了 60.88 亿元罚款的行政处罚决定。

又如在"华为诉 IDC 案"中，就涉及美国 IDC 公司在标准必要专利许可中的不公平定价或差异化许可问题，其向华为公司收取的费用数十倍于苹果、三星、诺基亚等手机公司。不仅如此，为了迫使华为公司接受过高专利许可交易条件，争取有利于自身的谈判条件，IDC 公司在双方谈判期间还同时在美国提起标准必

---

① 　European Commission Press Releases, *Commission Accepts Legally Binding Commitments by Samsung Electronics on Standard Essential Patent injunctions*, 29 April 2014.

② 　中华人民共和国国家发展和改革委员会行政处罚决定书发改办价监处罚〔2015〕1 号。

要专利禁令之诉加以威胁。

值得一提的是，上文在"竞争成因"中所提到的"抑制竞争对手"与"追求垄断利润"之间具有十分紧密的联系，二者有时甚至难以截然分开，从某种意义上来讲，抑制竞争对手的最终目的还在于追求垄断利润。即使如此，在不同的市场竞争程度下，二者的适当区分，有利于更好分析标准必要专利禁令滥用的根源。

第二章 国内现状部分：我国标准必要专利禁令滥用的规制论要

我国主要是从最近几年才开始关注标准必要专利禁令滥用问题，尚未形成成熟的标准必要专利禁令滥用规制框架，相关规定主要散见于民法、反垄断法之中，规制不足的现象较为突出。

第一节 标准必要专利禁令滥用的规制边界

何种情形会构成标准必要专利禁令滥用，如何明晰标准必要专利禁令滥用的违法性质，这便涉及标准必要专利禁令滥用的规制边界问题。标准必要专利禁令救济作为公法和私法的交汇点，禁令滥用往往构成对某一法域的违反，标准必要专利禁令滥用的界定较为困难。在反垄断法领域，对标准必要专利禁令滥用问题探讨甚多，但是标准必要专利禁令滥用除了反垄断的规制外，还涉及私法等领域，这就决定了对标准必要专利禁令是否构成滥用的认定并不存在单向度的价值判断，需结合不同的情形和因素加以综合判断。换言之，标准必要专利禁令滥用并非孤立而存在的违法行为，在滥用之前可能与其他违法行为交织在一起。

在"技术专利化，专利标准化、标准垄断化"的背景下，专利与标准的融合，使得标准必要专利权人如虎添翼，具备了相当的竞争优势地位，易引起垄断行为的产生。为促进标准与专利的融合、共生，防止标准必要专利权人"独揽大权"而破坏市场竞争，实现不同利益主体之间的平衡，无论是在立法，还是在司法、执法中，从专利被纳入技术标准伊始，至专利许可，再到禁令救济都秉持着较为谨慎的态度，并在此基础上形成了较为系统的标准必要专利限制性规则体系，从而使标准必要专利权人"戴着镣铐跳舞"。

具言之，从专利纳入某项标准及标准实施之时，便可能存在违反信息披露义务、违反 FRAND 承诺、诉权滥用、市场支配地位滥用等法律问题，这些法律问题之间存在着内在的关联，须在条分缕析的基础上从整体上加以把握。标准必要专利禁令是标准必要专利权人在其权利已受到损害或者即将受到损害时的基本救济手段，倘若处于市场竞争优势地位的标准必要专利权人违反了法律预先设定的条件也即 FRAND 原则便涉嫌构成滥用。所以，是否构成标准必要专利禁令滥用，往往以标准专利权人是否违反 FRAND 原则("公平、合理、无歧视")为逻辑起点来加以综合判断。一般而言，某一专利成为标准必要专利时，便可以推定标准必要专利权人具有一定的市场支配地位。为防止标准必要专利权人滥用权利，要求其在进入某些标准的过程中须向标准化组织作出 FRAND 承诺。若标准必要专利权人违反 FRAND 承诺，以禁令相威胁，向专利实施者索取高额专利许可费或不合理的许可条件，将有可能构成禁令的滥用。值得注意的是，由于 FRAND 原则的抽象性，人们对 FRAND 原则法律性质的认识尚不清晰，从而影响着标准必要专利禁令滥用性质的判断。标准必要专利禁令滥用究竟是实体法意义上的市场支配地位滥用、权利滥用、专利权滥用等，抑或是程序法意义上的诉权滥用等，将在后文予以详细探讨。

第二节　标准必要专利禁令滥用的规制框架

标准必要专利禁令滥用并不是一个孤立的法律现象，牵涉标准、许可、侵权、诉讼等多方面的问题。标准必要专利禁令滥用不仅破坏了标准制定组织、标准必要专利权人、标准实施者内在的平衡关系，还可能对司法秩序、市场竞争秩序造成严重破坏。对标准必要专利禁令滥用的规制需要多措并举，既存在着民法等私法领域的限制，又涉及诉讼法、反垄断法等公法领域的规制。但是，从目前我国的立法实践来看，较少涉及标准必要专利滥用的直接性规定。

鉴于此，在私法领域中，人们主要依据民法中的诚实信用原则、禁止权利滥用原则、FRAND 原则来对标准必要专利的滥用加以限制。其中，作为标准制定组织知识产权政策重要组成部分的 FRAND 原则在私法规制框架下占据着十分重要的地位。但是，FRAND 原则过于抽象，如何将 FRAND 原则内化于具体的制度中以及如何在 FRAND 原则的适用中不断完全、细化相关规则(譬如 FRAND 原则的法律性质、FRAND 原则的具体内容、FRAND 原则下合理专利许可费标准等)逐步引起人们的广泛关注。

在公法领域中,主要涉及司法规制和行政规制这两种规制路径。司法规制层面,法院对禁令申请应秉持什么样的态度以及专利许可费争议之诉(是否可以直接依据 FRAND 原则就许可费争议提起诉讼、FRAND 原则下专利许可费的计算等)、禁令之诉(颁发禁令的条件、考量因素等)、反垄断民事诉讼(禁令滥用构成垄断行为的判定等)等问题较为常见,需要结合具体司法实践,丰富适用标准必要专利诉讼相关的诉讼规则。行政规制层面,如何厘清禁令滥用所包含的违反 FRAND 承诺、专利搭售、歧视性许可、收取过期专利使用费、专利拒绝许可等之间的关系,并在此基础上,判定禁令滥用是否构成垄断行为,需要完善反垄断法配套性的适用规则。

综上所述,标准必要专利禁令滥用主要存在着 FRAND 原则政策约束、司法规制、行政规制等规制方式,由此勾勒出了标准必要专利禁令滥用的规制框架。但是,这些规制方式并非泾渭分明,而是存在着密切的联系。所以,在明确不同规制方式功能定位的基础上,也应加强不同规制方式之间的衔接与协调,进而形成全方位、多层次的规制体系。

第三节 标准必要专利禁令滥用的规制实践

当前,我国在立法实践中已经开始探索标准必要专利禁令滥用规制的相关立法,且在司法和执法实践中产生了审理标准必要专利禁令滥用的相关案例。

一、推陈出新的"立法实践"

当前,我国对标准必要专利禁令的研究主要散见于法律、行政法规、部门规章及相关司法解释之中。

首先,在法律层面:我国法律层面没有直接针对标准必要专利相关方面的规定。《反垄断法》第 68 条(2022 年修订前为第 55 条)对知识产权滥用与反垄断法的适用之间的关系加以明确。《标准化法》(2017)第 22 条第 2 款规定,"禁止利用标准实施妨碍商品、服务自由流通等排除、限制市场竞争的行为",并在其第 39 条第 3 款明确利用标准实施垄断行为时转致适用《反垄断法》。

其次,在部门规章层面:《禁止滥用知识产权排除、限制竞争行为规定》(征求意见稿)(2022 年),明确规定了具有市场支配地位的经营者不得在标准制定过程中故意不向标准制定组织披露其权利信息,或者明确放弃其权利;没有正当理由,与具有竞争关系的经营者联合排斥特定经营者的相关标准技术方案。《国家标准涉及专利的管理规定(暂行)》(2014 年)对国家标准中涉及专利的相关问题予以规范,内容涉及专利信息的披露、专利实施许可中 FRAND 承诺问题、强制性国家标准涉及专利等问题。国务院反垄断委员会发布的《关于知识产权领域的反垄断指南》(2019 年)开始关注标准必要专利禁令的反垄断分析方法,其对标准必要专利经营者申请禁令救济是否排除、限制竞争所要考虑的因素予以系统阐释。

综上所述,可见,在我国的立法实践中,对标准必要专利信息披露、标准必要专利实施许可中 FRAND 承诺问题、标准必要专利拒绝许可的反垄断问题等开始涉足,为解决标准必要专利相关纠纷提供了基本依据。

二、创新突破的"司法实践"

近年来,我国也开始出现涉及标准必要专利纠纷方面的案例,最高人民法院也因此出台了《最高人民法院关于审理侵犯专利权纠纷案件应用法律若干问题的解释(二)》,在其第 24 条①中,对权利人违反 FRAND 原则后又请求停止标准实施行为的主张进行了限制。

在具体司法实践中,涉及标准必要专利的案件开始涌现。如"华为诉 IDC 案"

---

① 《关于审理侵犯专利权纠纷案件应用法律若干问题的解释(二)》第 24 条规定:推荐性国家、行业或者地方标准明示所涉必要专利的信息,被诉侵权人以实施该标准无需专利权人许可为由抗辩不侵犯该专利权的,人民法院一般不予支持。推荐性国家、行业或者地方标准明示所涉必要专利的信息,专利权人、被诉侵权人协商该专利的实施许可条件时,专利权人故意违反其在标准制定中承诺的公平、合理、无歧视的许可义务,导致无法达成专利实施许可合同,且被诉侵权人在协商中无明显过错的,对于权利人请求停止标准实施行为的主张,人民法院一般不予支持。本条第二款所称实施许可条件,应当由专利权人、被诉侵权人协商确定。经充分协商,仍无法达成一致的,可以请求人民法院确定。人民法院在确定上述实施许可条件时,应当根据公平、合理、无歧视的原则,综合考虑专利的创新程度及其在标准中的作用、标准所属的技术领域、标准的性质、标准实施的范围和相关的许可条件等因素。法律、行政法规对实施标准中的专利另有规定的,从其规定。

被称为我国标准必要专利第一案，该案第一次引入 FRAND 原则作为判案依据。此外，在最高人民法院的相关批复或判决中，也就标准必要专利的相关法律问题作出过阐释，① 从中可以看出，在没有专利权人隐瞒专利行为的情形下，专利纳入标准本身并不意味着专利权人默认他人实施其专利，若标准实施者无正当理由拖延专利许可费，标准必要专利人可以通过禁令救济的方式来维护自身的合法权益。

此外，在北京市高级人民法院发布的《专利侵权判定指南（2017）》"不停止侵权抗辩"部分第 149~153 条中，对标准必要专利实施许可、许可谈判、侵权诉讼中的举证责任、标准必要专利禁令救济条件等问题作出了明确的界定。2018 年，广东省高院出台了《关于审理标准必要专利纠纷案件的工作指引（试行）》，虽然该规定主要是为地方法院对本区域内涉及标准必要专利纠纷案件审理提供相关指引，但其对审理标准必要专利纠纷案件的基本问题、禁令救济过程中所引发的民事责任问题、标准必要专利许可使用费司法确定问题、标准必要专利垄断纠纷案件的审理问题、指引的适用范围等进行了明确的阐释，吸收了标准必要专利纠纷司法审理的最新成果，对今后出台全国性的司法解释具有积极的意义。

三、摸索前行的"执法实践"

标准必要专利禁令救济可能还会引起反垄断问题。在竞争执法实践中，2015 年 2 月，国家发改委针对高通公司滥用无线标准必要专利许可市场和基带芯片市场支配地位实施垄断行为进行了行政处罚。值得注意的是，国家发改委对高通公司的反垄断审查，主要还是关注高通公司在专利许可中进行专利搭售或捆绑，拒绝提供专利清单而便利其将过期专利进行打包许可，反向许可等所带来的市场支配地位滥用问题，而对标准必要专利禁令滥用所引发的反垄断问题并没有明确加以阐释。

---

① 如 2008 年《最高人民法院关于朝阳兴诺公司按照建设部颁发的行业标准〈复合载体夯扩桩设计规程〉设计、施工而实施标准中专利的行为是否构成侵犯专利权问题的函》（最高人民法院（2008）民三他字第 4 号答复函），该函对标准实施的条件作了如下回应："专利权人参与标准制定本身或经其同意将专利纳入标准，视为专利权人许可他人在实施标准的同时实施该专利，故他人实施该专利只需支付一定的使用费而不构成侵权"。在《张某与衡水子牙河建筑工程有限公司等侵害发明专利权纠纷提审案》（最高人民法院（2012）民提字第 125 号判决书）中指出："上述复函是对个案的答复，不应作为裁判案件的直接依据予以援引。实施标准，应当取得专利权人的许可，根据公平合理无歧视的原则，支付许可费。在未经专利权人许可使用，拒绝支付许可费的情况下，原则上，专利侵权救济不应当受到限制。"

而在我国商务部对经营者不当集中的执法实践中，则对标准必要专利禁令问题所带来的反垄断问题进行了明确阐述。譬如我国商务部也曾在处理的 3 个涉及移动通信标准必要专利的经营者集中案件中，批准的同时也对集中后寻求标准必要专利禁令救济附加条件性限制。商务部在"关于附加限制性条件批准谷歌收购摩托罗拉移动经营者集中反垄断审查决定的公告"中指出，谷歌在收购摩托罗拉移动之后，摩托罗拉移动对其专利所承担的 FRAND 义务，谷歌也应当遵守。①在商务部"关于附加限制性条件批准微软收购诺基亚设备和服务业务案经营者集中反垄断审查决定的公告"中，双方都应继续遵守 FRAND 承诺并进行 FRAND 许可，同时针对中国境内智能手机制造企业所制造的智能手机，微软公司不能寻求禁令或排除令。②在商务部"关于附加限制性条件批准诺基亚收购阿尔卡特朗讯股权案经营者集中反垄断审查决定的公告"中，要求诺基亚在收购完成后，不应通过执行标准必要专利禁令来阻止附有公平、合理、无歧视（以下称 FRAND）承诺的标准的实施等。③

综合来看，在我国反垄断执法实践中，涉及标准必要专利禁令救济构成市场支配地位滥用的执法实践还不多，相较而言，在经营者集中反垄断案件中，相关的执法经验则较为丰富，尤其是其对 FRAND 承诺与标准必要专利禁令滥用或限制之间关系进行了明确的阐释。

第四节　标准必要专利禁令滥用的规制困境

近年来，随着"专利标准化"进程的加快推进，标准必要专利问题日益突出，对标准必要专利禁令滥用的规制还存在诸多困境。

---

① 商务部：《关于附加限制性条件批准谷歌收购摩托罗拉移动经营者集中反垄断审查决定的公告》（商务部公告 2012 年第 25 号），http：//www. mofcom. gov. cn/aarticle/b/c/201205/20120508134325. html，访问日期：2017 年 11 月 30 日。

② 商务部：《关于附加限制性条件批准微软收购诺基亚设备和服务业务案经营者集中反垄断审查决定的公告》（商务部公告 2014 年第 24 号），http：//www. mofcom. gov. cn/aarticle/b/c/201205/20120508134325. html，访问日期：2017 年 12 月 1 日。

③ 商务部：《关于附加限制性条件批准诺基亚收购阿尔卡特朗讯股权案经营者集中反垄断审查决定的公告》（商务部公告 2015 年第 44 号），http：//www. mofcom. gov. cn/article/b/c/201510/20151001139748. shtml，访问日期：2017 年 12 月 1 日。

一、立法进程相对滞后

在标准必要专利逐步引起人们广泛关注的背景下，一方面，国际上主要的专利许可和交易大多围绕标准必要专利进行；另一方面，在一些有影响的专利侵权纠纷案件中，往往也牵涉到标准必要专利。就我国而言，受"高通案"和"华为诉 IDC 公司案"的影响，标准必要专利等问题不再是高高在上的国际话题，如何有效规制标准必要专利禁令滥用问题也逐渐提上立法议程。虽然我国在司法和执法实践中，对标准必要专利禁令滥用的规制积累了一定的经验，但仍处于逐渐探索和研究的阶段。涉及规制标准必要专利禁令滥用的相关立法并不多。当前我国民法、专利法、反垄断法、诉讼法等缺少标准必要专利禁令滥用规制的直接规定，立法层次较低，主要依据相关的部门规章、司法解释、个案批复、指南性文件等处理标准必要专利禁令案件。此外，相关的配套规则尚不健全，诸如双方许可谈判程序的设置、标准必要专利许可费的司法确定、禁令适用的条件等问题，还缺乏具体的规定。

二、行为判定缺少标准

从规制对象上来看，标准必要专利禁令滥用往往与专利拒绝许可、专利搭售、差异性许可、收取过期专利许可费、不公平高价等交织在一起，无论是在理论上，还是在实践中，还未理顺这些行为之间的关系，导致对禁令滥用的判定较为困难。

一般而言，标准必要专利禁令滥用的具体判定，需要结合标准制定过程中的专利信息披露、专利许可谈判情况、FRAND 原则贯彻情况、实施许可的条件、申请禁令时机、标准必要专利权人的市场地位等加以综合判定。

国务院反垄断委员会发布的《关于知识产权领域的反垄断指南》(2019 年)虽然对标准制定过程中垄断行为的认定因素及判定拥有市场支配地位的标准必要专利权人禁令救济中可能排除、限制竞争的具体考虑因素进行了规定，① 但这仅在

---

① 《关于知识产权领域的反垄断指南》第 27 条规定："……拥有市场支配地位的标准必要专利权人通过请求法院或者相关部门作出或者颁发禁止使用相关知识产权的判决、裁定或者决定，迫使被许可人接受其提出的不公平高价许可费或者其他不合理的许可条件，可能排除、限制竞争。具体分析时，可以考虑以下因素：(1)谈判双方在谈判过程中的行为表现及其体现出的真实意愿；(2)相关标准必要专利所负担的有关承诺；(3)谈判双方在谈判过程中所提出的许可条件；(4)请求法院或者相关部门作出或者颁发禁止使用相关知识产权的判决、裁定或者决定对许可谈判的影响；(5)请求法院或者相关部门作出或者颁发禁止使用相关知识产权的判决、裁定或者决定对下游市场竞争和消费者利益的影响。"

涉及标准必要专利禁令滥用反垄断规制时适用，对法院基于 FRAND 原则审理标准必要专利相关案件时，违反 FRAND 承诺的含义如何确定(譬如专利拒绝许可、专利搭售、歧视性许可等)，违反 FRAND 承诺之后寻求禁令是否必然构成滥用，构成滥用的判定标准是什么等问题都有待通过司法解释及相关规范性文件予以具体阐释。

三、规制体系尚未形成

标准必要专利禁令滥用的规制存在 FRAND 政策约束、司法规制、行政规制等路径。但在 FRAND 政策约束层面，当事人能否依据 FRAND 原则提起诉讼，法院可否直接依据 FRAND 原则审理标准必要专利诉讼案件，FRAND 原则之下标准必要专利权人、标准实施者、标准制定组织之间的法律关系等，FRAND 原则的法律性质及 FRAND 原则与禁令救济之间的关系，在制度上还缺少明确的规定，使得 FRAND 原则的具体适用缺乏可操作性。

在司法规制层面，标准必要专利许可费诉讼、标准必要专利禁令之诉、标准必要专利反垄断民事诉讼等在诉讼条件、诉讼程序、案件审理等方面，缺乏具体的规定。尤其是法院认定标准必要专利禁令救济构成滥用的考量因素、确定合理的 FRAND 许可费率的计算方式、禁令之诉与反垄断民事诉讼的衔接、相关的法律责任等，都有待作出明确规定。

在行政规制层面，标准必要专利禁令滥用构成市场支配地位滥用的情形、经营者集中时标准必要专利禁令救济限制性条件等相关规则，都需要在具体的执法实践中予以不断完善。此外，FRAND 政策约束、司法规制、行政规制等不同规制方式缺乏必要的衔接，系统化的规制体系尚未形成。

第三章　标准制定部分：标准必要专利禁令
滥用的 FRAND 问题分析

FRAND 原则是标准制定组织的主要知识产权政策，贯穿于标准必要专利的制定、许可谈判、实施许可、侵权诉讼各阶段之中。然而，在表象上，FRAND 原则仅仅是一个抽象化的条款，标准制定组织并未详细解释何谓 FRAND 原则，也不介入专利技术的许可谈判。[①] FRAND 原则法律性质如何界定、FRAND 承诺对禁令救济有何影响，FRAND 原则对规制标准必要专利禁令滥用具有何种意义，在学理上和实践中均未形成定论。鉴此，本章以标准制定组织的知识产权政策解构为切入口，在对学理上关于 FRAND 原则法律性质争论加以探讨的基础上，明晰 FRAND 原则对规制标准必要专利禁令滥用的法律意义。

第一节　标准制定组织的知识产权政策解构

对于标准制定组织的知识产权政策，学理上并未给出明确而统一的定义。有学者认为"诸如 ISO、ITU 等这类国际标准化官方组织，其为规避法律风险，知识产权政策主要包括知识产权信息披露、国际标准化组织对其通过的标准并不承担知识产权权利担保责任的声明等方面；而对于私有标准化组织知识产权政策，相比而言，则较为复杂、完备，主要包括如何获得许可、如何对外技术许可、如何满足反垄断审查要求等"。[②] 也有学者认为，绝大部分标准化组织都有其知识产权政策，在规定信息披露义务之余，也要求权利人以合理和非歧视性原则将其专

---

① 张平、赵启杉：《冲突与共赢：技术标准中的私权保护》，北京大学出版社 2011 年版，第 18 页。

② 张平、马骁：《标准化组织的知识产权政策》，载《科技与法律》2003 年第 3 期。

利技术许可给标准的使用者。① 当前，很多标准制定组织的专利政策都以 FRAND 原则为基础。② 一般而言，标准制定组织的知识产权政策大体上可包括专利信息披露、专利许可中的 FRAND 原则、知识产权信息的搜集及专利数据库（Patent Statement Database）等诸多方面，但是以专利信息披露为基础的公开政策和以 FRAND 原则为基础的许可政策共同构成了标准制定组织知识产权政策的核心组成部分，下文将予以重点探讨。

一、标准制定过程中的信息披露规则

"在某项技术标准制定过程中，专利权人主动或应标准制定机构要求而向标准制定机构提出含有某些专利技术的方案，对此，可称之为专利的标准化过程。"③在标准必要专利权人参与标准制定的过程中，其并没有主动披露其标准必要专利的动机，相反，在标准制定和推广之初，其更期望将自身的专利潜伏于标准之中，成为潜在专利（Potential Patent），伺机而动。不仅如此，在某种程度上，标准必要专利权人、标准化组织、标准实施者都对专利信息的披露缺乏强烈的动机。有学者认为，"对专利权人而言，提前披露专利可能会使标准组织在标准制定过程中通过技术规避的方式绕开其专利技术；对标准实施者而言，信息披露意味着在专利侵权诉讼中其将很难再以"不知悉标准中存在专利"加以抗辩；对标准制定组织而言，信息披露将徒增披露信息整理、归纳等工作难度"。④ 正因如此，目前标准必要专利的信息披露更多寄希望于专利权人的主动披露。但是，"并非所有被声明为标准必要专利的专利实际上对标准的实施或标准规范所涵盖的技术都是必不可少的。标准必要专利由持有者自行声明为标准实施所必需，标准化组织通常并不审查"。⑤

如前所述，专利权人基于竞争、利益等因素考量，可能会在标准制定过程中

---

① 梁志文：《标准化组织知识产权政策实证研究》，载《理论与改革》2003 年第 6 期。

② Phil Wennblom：《标准制定组织的知识产权政策及其运用》，载《竞争政策研究》2015 年第 3 期。

③ 顾金焰：《专利标准化的法律规制》，知识产权出版社 2014 年版，第 5 页。

④ 谭袁：《论标准制定组织披露规则的完善》，载《北方法学》2017 年第 5 期。

⑤ 崔维军等：《标准必要专利产生背景、运行机制与影响：文献回顾与研究展望》，载《科学学与科学技术管理》2020 年第 5 期。

隐瞒其专利，此时专利潜藏于标准之中，对标准实施者造成较大不利影响。实践中，标准必要专利信息披露不充分往往是导致专利挟持的关键原因。① 因为一旦某一标准获得推广，尤其是产生锁定效应之后，标准必要专利权人便会借助于标准的垄断力，向标准实施者施压，寻求过高的专利许可费或不合理的许可条件。目前标准实施者能获取到的标准必要专利信息都源于标准制定组织的声明数据库，值得注意的是，该声明一般都出现在标准制定初期，标准发布之后也不会重新对标准必要专利进行审核。②

专利与标准的融合，在降低社会成本、提升产业服务质量的同时，专利权的私有性与标准的公共性之间矛盾的凸显，也可能会对消费者利益及社会公共利益造成损害。为了平衡专利权人、标准实施者、公众等之间的利益，一些标准化组织通过制定信息披露规则，要求专利权人在纳入某一标准时，及时有效地向标准化组织披露其在该标准中其所拥有或控制的必要专利信息。然而，欲回答"标准制定组织要求专利权人在标准制定中披露专利信息的内在依据"这一问题，首先要界定专利信息披露的法律性质。有学者认为："专利信息披露义务类似于行业协会与会员之间的关系，标准制定组织可通过制定专利信息披露规则来对专利权人提出一些超越民法中合同制度的范围的义务性要求。"③标准必要专利信息披露与 FRAND 原则有着密切的联系，试想，若专利权人在标准制定过程中隐瞒其专利，那么 FRAND 原则也将无用武之地。但是，若标准必要专利权人事先没有公开其专利申请和专利信息，是否绝对不能再寻求禁令救济，在理论与实践中还存在争议，不能一概而论。笔者认为，如果标准必要专利权人违反了专利信息披露义务且存在故意隐瞒等情形，在本质上也是对 FRAND 原则精神的违反，此时标准必要专利禁令救济则将可能失去其正当性基础。

二、标准必要专利许可中的 FRAND 原则

FRAND 原则缘起于竞争法领域，主要指标准必要专利权人向标准化组织作出的，按照公平、合理、无歧视的条件对未来潜在的标准实施者进行许可其专利

---

① 单麟：《浅析标准必要专利信息披露义务》，载《中国发明与专利》2017 年第 2 期。

② 朱翔华：《欧盟委员会"关于标准必要专利的欧盟方法"对我国的启示》，载《标准科学》2018 年第 6 期。

③ 谭袁：《论标准制定组织披露规则的完善》，载《北方法学》2017 年第 5 期。

的承诺，以期能够有效规制标准必要专利实施过程中的权利滥用行为。① 从语义上理解，FRAND 英文全称为"Fair, Reasonable and Non-Discriminatory"，译为"公平、合理、无歧视"，由此，FRAND 原则也主要由公平原则、合理原则、无歧视原则这三大子原则组成。

有学者认为，"公平""合理""无歧视"三者是相互联系又相对独立的关系，"合理""无歧视"本身蕴含着"公平"的内涵。② 一般而言，公平、合理原则要求标准必要专利权人须以合适的许可费率和许可条件进行专利实施许可，不得附加不合理的许可条件；而无歧视原则要求标准必要专利权人在专利许可中不得进行差异化定价。"无歧视许可"包含着"被许可人具有相同的条件和相同条件的被许可人付出的许可对价相同"这两个条件，也即权利人应给予相同条件的被许可人以相同的许可待遇，对不同条件的被许可人则可视具体情形给予有差异的许可标准。③

根据 FRAND 原则在标准必要专利领域的不同适用阶段，其表述也不尽相同。学理上，存在着"FRAND 原则""FRAND 条款""FRAND 承诺""FRAND 许可"等类似的表述，并未加以刻意区分。但在不同的语境下，为更好把握上述表述的不同意涵，对此加以区分甚有必要。

第一，从语义上来看，在静态的规范性文件层面，将涉及"公平合理无歧视"的条款可称之为"FRAND 原则"或"FRAND 条款"。考虑到"FRAND 原则"或"FRAND 条款"在语境上偏向于某一条款或条文的阐释，属于标准组织公共政策的重要组成部分。如国际电信联盟的《专利陈述和许可声明》其中一个选项就规定："专利持有人愿意与其他主体在合理、无歧视的条款和条件的基础上进行许可协商"，④ 该项条款便可称之为 FRAND 原则或条款。

---

① 田丽丽：《论标准必要专利许可中 FRAND 原则的适用》，载《研究生法学》2015 年第 2 期。

② 罗娇：《论标准必要专利诉讼的"公平、合理、无歧视"许可——内涵、费率与适用》，载《法学家》2015 年第 3 期。

③ 胡伟华：《FRAND 原则下许可使用费的司法确定》，载《人民司法（应用）》2015 年第 15 期。

④ 许波：《FRAND 许可声明的法律性质》，载《中国知识产权》（网络版）2017 年第 124 期，http://www.chinaipmagazine.com/journal-show.asp? 2680.html，访问日期：2018 年 3 月 20 日。

第二，从动态的法律关系剖析，在专利权人加入某项标准之时，根据标准化组织所规定的特定许可条件（即基于 FRAND 原则进行实施许可）而向标准化组织提交自愿接受该项条件的声明，称之为"FRAND 声明"或"FRAND 承诺"。值得注意的是，在定义上，有人将 FRAND 原则描述为，"大多数标准制定组织在将专利技术纳入标准时，要求权利人承诺以公平、合理且无歧视（FRAND）的条件，将其拥有的标准必要专利授权给将来需要该专利的人"，① 可见，FRAND 原则已然包含了 FRAND 承诺的内容。正因如此，还有学者认为，FRAND 承诺作为标准必要专利许可的基本原则，在欧洲称之为 FRAND 条款，在美国称之为 RAND 原则（虽然缺少公平子原则，但大体含义相同）。② 综合观之，FRAND 承诺更多是 FRAND 原则在实践中运用的结果，侧重于描述标准化组织、标准必要专利权人乃至标准实施者三者之间法律关系，形式上的产物表现为标准必要专利权人签署的 FRAND 声明文件。

第三，标准必要专利权人在 FRAND 承诺的约束下，与标准实施者达成或可能达成的专利实施许可称之为"FRAND 许可"。FRAND 许可则着重强调标准必要专利权人与标准实施者之间基于 FRAND 原则所达成的专利实施许可。

为便于论述，本文基于不同的语境，选择性使用上述几种概念。总的来看，FRAND 原则的基本逻辑为：虽然标准必要专利禁令之诉是权利人在权利受到侵犯时的一种重要救济手段，但为防止标准必要专利权人利用优势地位谋取不正当利益，在专利标准化过程中设置了"FRAND"原则并在法律制度中加以确认，标准必要专利权人在向标准化组织作出 FRAND 承诺后，须基于"FRAND"原则与实施者进行协商，以期达成 FRAND 许可。当前，国际标准化组织大多将 FRAND 承诺作为专利纳入标准的前提条件，但标准化组织对 FRAND 原则的内涵及基于 FRAND 原则所引发的各种纠纷及争议并没有进行实质的介入，从而使得 FRAND 承诺的法律性质及其在具体的适用中缺乏可操作性。

三、国际标准组织的知识产权政策动态

一般而言，标准组织的根本使命是制定和推广标准，而不是解决具体操作问

---

① 胡伟华：《FRAND 原则下许可使用费的司法确定》，载《人民司法》2015 年第 15 期。

② 杨君琳、袁晓东：《标准必要专利 FRAND 原则的解释与适用》，载《科技管理研究》2016 年第 2 期。

题，如在标准必要专利的披露方面，它只充当信息平台，对于提交的专利本身既不审查也不判断；对 FRAND 原则标准组织也很难做到具体的澄清，更倾向于将商业谈判自由度交给谈判双方。① 尽管如此，标准组织的知识产权政策对各国立法中涉及许可双方权利义务的预设具有重要的影响。

自 2015 年以来，国际标准化组织 ISO/ITU/IEC、行业标准化组织 IEEE、区域标准化组织 ETSI 和 CEN/CENELEC 以及国家标准化组织 ANSI 和 BSI 都对其知识产权政策进行了修订。② 从披露政策上来看，绝大部分标准组织皆要求在标准制定过程中披露权利人、专利授权情况、专利有效性、许可承诺类型等详细信息。如"ISO、IEC、ITU 三大国际标准组织鼓励标准参与者尽早披露其所有已知的专利信息，无论该专利是否由该参与者持有，但不对参与者披露专利的有效性、权威性及必要性进行审查"。③

从专利许可政策上来看，标准组织无力为所有的"必要知识产权"制定统一的许可模式和费率，现行的 FRAND 原则要求权利人和标准实施者自由进行专利许可谈判，在标准组织不参与的情况下，既使标准组织规避了法律风险，也使许可双方能够在 FRAND 框架下寻求自身利益的最大化。④ FRAND 原则的开放性和包容性，使得在标准实践中，主要的标准组织纷纷采纳了这一原则。ANSI、CEN/CENELEC、IEEE 等大多数标准化组织执行的是 FRAND 准则，如果专利权人拒绝作出许可承诺，BSI、CEN/CENELEC 和 ETSI 等大多数标准化组织及相关委员会将考虑重新审查标准、寻找可替代技术等。⑤ IEEE 在其知识产权章程中规定专利权人必须提交许可保证书，ITU 在《共同专利政策》中规定专利权人必须

---

① 张雪红：《标准必要专利禁令救济政策之改革》，载《电子知识产权》2013 年第 12 期。

② 张俊艳、冉敬：《国际标准化组织知识产权政策及我国借鉴》，http：//www. nipso. cn/onews. asp？id＝39274，访问日期：2018 年 10 月 12 日。

③ 张静等：《国际标准化组织标准必要专利评析》，载《全球科技经济瞭望》2020 年第 5 期。

④ 贾晓辉、潘峰：《标准组织知识产权政策 FRAND 许可原则评析》，载《信息技术与标准化》2010 年第 Z1 期。

⑤ 贾晓辉、潘峰：《标准组织知识产权政策 FRAND 许可原则评析》，载《信息技术与标准化》2010 年第 Z1 期。

提交书面的《专利陈述和许可声明书》。① ETSI 知识产权政策规定，以 FRAND 条件进行许可的承诺是专利被纳入标准的先决条件，与此同时，在其章程中明确规定发生争议时应当适用法国法，而依据法国民法，FRAND 许可声明构成利他合同。②

尤值一提的是，目前标准组织对标准必要专利禁令持更加谨慎的态度，譬如 IEEE 标准协会作为世界领先的标准制定机构，在其 2015 年修订的专利政策中，将许可人与被许可人之间就许可事宜基于 FRAND 原则进行自由谈判作为优先项，并规定在双方无法达成协议而寻求第三方解决争端时，申请人/权利人不得诉诸或执行禁止令，除非是在特定情况下，即"如果标准实施者未能参加判决或执行判决结果（包括维持一审的上诉审）"，并且作出判决的法庭必须拥有对所有专利纠纷的管辖权。③ IEEE 标准协会最新政策澄清了禁令的使用，明晰了 FRAND 原则贯彻过程中的基本立场。尽管标准组织和相关利益主体都对 FRAND 原则广为接受，但也应当看到，标准组织的过度中立态度，使得 FRAND 原则的法律定性、许可费率的确定、禁令申请的条件等方面的改革难以形成重大突破，FRAND 原则的模糊性尚待标准组织的进一步澄清。

第二节　FRAND 承诺与禁令救济关系梳理

FRAND 原则往往具象化为 FRAND 承诺，探析 FRAND 承诺法律属性的过程也是明晰 FRAND 原则法律性质的过程，二者是一个问题的两个方面。FRAND 承诺与禁令救济的关系主要体现在，在禁令救济中哪些人、哪些行为要受到 FRAND 承诺约束的问题：一是作出 FRAND 承诺是否排除禁令救济的问题；二是

---

① 顾萍、杨晨：《域外技术标准化中的标准必要专利权人承诺研究——合同法、专利法和竞争法视角》，知识产权出版社 2016 年版，第 14～23 页；徐颖颖：《标准必要专利权人 FRAND 许可声明的法律关系研究——以欧洲通信标准协会的规定为例》，载《电子知识产权》2017 年第 11 期。

② 徐颖颖：《标准必要专利权人 FRAND 许可声明的法律关系研究——以欧洲通信标准协会的规定为例》，载《电子知识产权》2017 年第 11 期。

③ 康斯坦丁诺·卡拉卡琉斯：《破釜沉舟——IEEE 专利政策的修订》，载《中国标准化》2016 年第 5 期。

违反 FRAND 承诺的法律性质及违反 FRAND 承诺再寻求禁令救济的正当性问题。

一、FRAND 承诺中的法律关系

厘清 FRAND 原则与禁令救济之间的关系，首先需要对 FRAND 原则作出准确的界定。纵观标准化组织的知识产权政策及相关的司法实践，对 FRAND 承诺大致存在着以民法体系中合同制度为代表的私法分析框架和以反垄断法为代表的公法分析框架。与此同时，在私法框架下，又存在着单方法律行为和双方法律行为之争。

值得一提的是，在具体的司法实践中，广东省高级人民法院 (2013)（粤高法民三终字第 305 号）"华为诉 IDC 案"民事判决书中，上诉人 IDC 公司在其抗辩理由中称，"FRAND 承诺本身不是合同，专利权人加入标准化组织并做出的 FRAND 许可承诺，只表明专利权人愿意与标准实施者即被许可人通过谈判的方式达成正式的许可合同"，换言之，其请求权的基础在于 IDC 公司违反了 FRAND 义务。

较之司法实践，目前学界对 FRAND 承诺的法律性质的判断并未局限于作为私法的民法体系下合同制度框架之下，而是从多个角度加以论证，歧见纷纭，存在着侵权行为论、垄断行为论、缔约过失论、不正当竞争行为论等不同角度，[①]此外还存在着"强制缔约论""默示许可论"等角度。综合来看，人们在回答 FRAND 原则或承诺的性质时，大多从标准化组织、标准必要专利权人、标准实施者等之间的法律关系加以展开。其中，标准必要专利权人向标准化组织所作出的 FRAND 相关声明是否约束标准实施者等问题是分析 FRAND 原则或承诺法律性质的关键因素。

二、FRAND 承诺法律定性中的代表性观点

前已述及，对 FRAND 原则或承诺法律性质的认识尚未形成共识，为更好地全面把握 FRAND 原则或承诺的法律性质，下文将撷取一些代表性的学术观点加以论述。

---

① 何怀文、陈如文：《技术标准制定参与人违反 FRAND 许可承诺的法律后果》，载《知识产权》2014 年第 10 期。

第一，"合同论"或"要约论"认为，FRAND 承诺本质上虽是标准必要专利权人向标准化组织作出的一种合同承诺，但它又隐含着标准必要专利权人和标准实施者在具体的专利实施许可中具有善意协商的义务。[①] 该类观点大多并不关注基于 FRAND 承诺在标准必要专利人与标准制定组织双方之间所形成的法律关系，而更多关注在标准必要专利权人与标准实施者二者之间所形成的法律关系。其法律关系为，标准必要专利权人向标准组织作出 FRAND 承诺，便意味着其已向标准实施者作出许可要约。然而，FRAND 承诺的内容较为抽象，对诸如专利许可费率、期限等具体许可条款并无具体的规定，较难构成合同制度意义上的要约。

第二，"要约邀请论"认为，FRAND 承诺只是标准必要专利权人对潜在的实施者发出的要约邀请，此承诺仅具有形式意义。[②] 值得注意的是，在"华为诉 IDC 案"中，我国法院引用了德国法院判决中的观点，"标准必要专利权人作出的许可准备声明仅仅是请求寻求许可的各方寻求符合 FRAND 条款的要约邀请"。[③] 然而，要约邀请主要指邀请对方向自己发出订立合同要约的意思表示，属于合同的预备行为。由于要约邀请只有意思表示，没有效果意思，并没有形成民事法律关系。所以，即使他人依要约邀请而向自己发出了要约，自己也无承诺之义务。与要约撤回、撤销受到严格限制不同，要约邀请是可随时撤回且不负任何法律责任。若将 FRAND 承诺视为标准必要专利权人向标准实施者所作出的要约邀请，意味着该承诺可随时撤回。故标准实施者即使依据该要约邀请向标准必要专利权人发出要约，是否承诺由标准必要专利权人自由决定，标准必要专利权人的权利行使将难以受到限制，这与 FRAND 原则的设立宗旨明显不符。

第三，"强制缔约论"认为，"以 FRAND 条件许可的义务与供水供电等垄断企业所担负的强制缔约义务相似"。[④] 依据该观点，"专利许可已经不是标准必要专利权人自由选择的权利，而是标准必要专利权人对标准实施者的一项不可撤销

---

① Koren Wong-Ervin：《作出 FRAND 承诺的 SEPs 与禁令救济》，载《竞争政策研究》2016年第 2 期。

② 魏立舟：《标准必要专利情形下禁令救济的反垄断法规制——从"橘皮书标准"到"华为诉中兴"》，载《环球法律评论》2015 年第 6 期。

③ （2013）粤高法民三终字第 305 号。

④ 叶若思、祝建军等：《标准必要专利使用费纠纷中 FRAND 规则的司法适用——评华为公司诉美国 IDC 公司标准必要专利使用费纠纷案》，载《电子知识产权》2013 年第 4 期。

的对世许可义务"。① 由此可见，该类观点更多关注标准必要专利权人与潜在标准实施者之间的法律关系，而非权利人与标准制定组织之间的法律关系。然而，强制缔约义务仅适用于水、电、气、热力等具有公用性、公益性、垄断性企事业单位主体，将该类主体与标准必要专利权人二者之间相提并论，缺乏法定依据。

第四，"默示许可论"认为，由于专利权人以非明示方式许可的默示行为使专利使用人产生了合理信赖，为保护这种信赖利益，法律认可该种专利许可形态。② FRAND 承诺的性质把握不能局限于专利权人与标准化组织之间的合同关系，也应将专利权人与标准必要专利实施者之间的默认许可关系考虑其中。③ 无论是司法实践中（譬如"季某、刘某诉朝阳兴诺公司案"），还是立法实践中，都倾向于将专利权人参与制定推荐性国家标准行为本身视为默示许可的行为。该类观点意在将专利权人与标准必要专利实施者之间不稳定的法律关系予以确定，但直接将 FRAND 承诺扩大解释为默示许可，意味着之前的侵权关系转化为契约关系，将可能引起专利反向劫持现象，对标准必要专利权人的利益造成损害。

第五，"利益第三人合同论"认为，FRAND 承诺是一种先合同义务，即"在基于某种行为形成信赖利益的基础上所产生的一种非给付义务"。④ 但也有学者认为，基于 FRAND 原则所成立的合同主要有利益第三人合同和普通的许可合同，⑤ 标准制定组织和专利权人二者成立利益第三人合同关系，其给予了标准实施者缔约成功的信赖，一旦专利权人违反 FRAND 承诺，导致合同没有缔结，专利权人将承担缔约过失责任。⑥ 罗马法谚"人人不得为他人缔约"，而该类观点突破了合同订立相对性原则，其认为权利人与标准制定组织之间基于 FRAND 原则所订立的合同，不再仅仅是束己合同，而是一种"利他合同"，以此派生出权利人负有基于 FRAND 原则进行专利许可的义务。

---

① 黄菁茹：《论技术标准中专利权人披露义务》，载《网络法律评论》2013 年第 2 期。

② 袁真富：《基于侵权抗辩之专利默示许可探究》，载《法学》2010 年第 12 期。

③ 朱雪忠、李闯豪：《论默示许可原则对标准必要专利的规制》，载《科技进步与对策》2016 年第 23 期。

④ 张平：《论涉及技术标准专利侵权救济的限制》，载《科技与法律》2013 年第 5 期。

⑤ 王配配：《标准必要专利许可 FRAND 原则的法律地位分析》，载《生产力研究》2016 年第 2 期。

⑥ 马尚等：《标准必要专利禁令请求权的抗辩——从利益第三人合同的视角》，载《标准科学》2017 年第 9 期。

第六，"垄断行为论"认为，专利权人对 FRAND 原则的违反往往也会构成对反垄断法的违反。近年来，在美国、欧盟标准必要专利许可的司法与执法实践中，法院均认可在许可谈判中背弃之前作出的 FRAND 声明可能导致反垄断违法，同时，竞争执法机构更加积极地介入标准必要专利权利人违反 FRAND 承诺进行许可的情况。[①] 该类观点突破了合同制度的分析框架，将违反 FRAND 承诺与垄断行为联系在一起。

三、FRAND 承诺的法律定性与禁令救济

FRAND 原则是标准制定组织为了避免标准必要专利行使过程中对公共利益可能造成的损害而制定的。在专利谈判、专利许可到专利侵权诉讼等各个环节，FRAND 原则对标准必要专利权人的行为形成重要约束。[②] FRAND 承诺的准确定性，对 FRAND 承诺之后的禁令救济具有重要的意义，它不仅影响着标准必要专利权人禁令救济权能否实现，还关乎着对标准必要专利禁令是否构成滥用的判断。

FRAND 承诺的不同定性，对禁令救济在何种情形下会构成滥用的判断具有较大影响。譬如在将 FRAND 承诺的违反定性为"垄断行为"的观点看来，违反 FRAND 承诺往往包含着搭售、歧视性许可、拒绝许可、禁令滥用等市场支配地位滥用行为，禁令滥用是否构成垄断行为应遵循反垄断法的判定逻辑，与权利人是否违反 FRAND 承诺并无直接关联。正如有的学者指出，"标准必要专利权人禁令救济的限制不应建立在'必须存在 FRAND 许可声明'的基础之上"。[③]

倘若将 FRAND 承诺的违反定性为诸如缔约过失、要约邀请等，FRAND 承诺的违反并不必然排除禁令的救济，因为该种观点重点考察 FRAND 承诺与专利许可之间的关系，而较少考虑 FRAND 承诺与市场竞争秩序之间的关系。又如，如果将 FRAND 承诺视为默示许可或强制缔约义务，那么标准必要专利权人将不能

---

① 连冠：《比较法视野下 FRAND 承诺的反垄断责任》，载《北京化工大学学报(社会科学版)》2017 年第 3 期。

② 黄菁茹：《论 FRAND 原则对标准必要专利权行使的限制》，载《知识产权》2016 年第 1 期。

③ 魏立舟：《标准必要专利情形下禁令救济的反垄断法规制——从"橘皮书标准"到"华为诉中兴"》，载《环球法律评论》2015 年第 6 期。

拒绝许可或寻求禁令救济，因为依据该理论，专利权人将其专利技术纳入标准之时，就已向不特定专利实施者声明了缔约的意愿或负担了缔约的义务，他人实施该标准涉及的专利技术时，标准实施者只需支付相应的 FRAND 许可费即可。

笔者认为，对于 FRAND 承诺的法律定性，其分析框架既不能仅仅偏向于民法体系中合同制度等私法框架之下，也不能局限于反垄断法等公法框架之下。应该坚持的判定原则是：既要看到 FRAND 原则对专利许可的限制作用，也要看到 FRAND 原则对专利信息披露、标准必要专利禁令救济的约束作用；既要看到 FRAND 承诺的违反对标准实施者这一第三人的影响，也要关注其对市场竞争秩序所造成的破坏。一般情况下，若标准必要专利权人违反 FRAND 承诺之后又寻求禁令支持，那么对该禁令申请须保持更为谨慎的态度加以审查，在此基础上再结合个案判断是否构成滥用。

第三节　FRAND 原则对标准必要专利禁令滥用的规制意义

针对标准必要专利禁令滥用主要存在司法规制和行政规制等规制方式，FRAND 原则在标准必要专利禁令滥用规制体系中具有重要的地位。在一定程度上，FRAND 原则是构建标准必要专利禁令滥用规制体系的"源头活水"，既贯穿于各种规制方式之中，又相对独立而存在。

一、FRAND 原则——禁令滥用规制的法理基础

FRAND 原则往往是专利标准化过程中的逻辑起点。就积极方面而言，诸如专利信息披露、禁令救济、许可谈判、许可费争议、实施许可方式或条件等标准制定和实施中的问题都须在 FRAND 原则下进行。就消极方面而言，违反专利信息披露政策，禁令滥用(如专利许可谈判过程中以禁令相威胁而索要过高的专利许可费等)以及标准实施许可中的专利搭售、歧视性许可、收取过期专利使用费及附加其他不合理许可条件等问题，都在一定程度上有悖于 FRAND 原则，故在不同的规制方式之下都须借助或结合 FRAND 原则对相关行为加以法律上的评价。

标准必要专利禁令救济作为标准实施中的一个重要环节，当判断标准必要专利权人是否存在禁令滥用时，也须依据 FRAND 原则来作出判断。虽然，有学者

认为，标准必要专利权人在作出 FRAND 承诺时，便失去了禁令救济这一手段。[1]其实不然，标准化组织普遍试图在公众的标准化需求、保护合理竞争秩序和防止专利权滥用之间找到一个平衡点，而 FRAND 承诺便是实现平衡的重要砝码。[2]虽然标准必要专利权人作出 FRAND 承诺并不排除禁令的适用，但若标准必要专利权人违背 FRAND 原则，如为谋取过高的专利许可费，进行不正当的专利拒绝许可或歧视性(差异性)专利许可、设置不合理的许可条件或费率等，而贸然寻求禁令，那么将使标准必要专利禁令救济缺乏正当性基础，从而构成标准必要专利禁令的滥用。

然而，FRAND 原则对标准必要专利许可构成何种程度的约束力以及 FRAND 原则对标准必要专利禁令救济的影响程度，需要在司法和执法实践中，不断丰富 FRAND 原则的具体适用规则，并结合个案加以综合判断。

二、FRAND 原则有助于明晰禁令滥用的违法性质

FRAND 原则贯穿于标准制定及后续专利许可谈判、签订、履行的整个过程，并依此可能产生相应的合同义务与反垄断义务等。前已述及，从表象上来看，标准必要专利禁令滥用可划分为专利劫持型、专利陷阱型、专利壁垒型。但这种划分并没有回答标准必要专利禁令滥用的违法性质。

在标准制定阶段，标准必要专利权人需要进行专利信息披露，并在纳入标准后作出 FRAND 许可声明，若未履行专利信息披露义务，将可能影响后续禁令救济的正当性；在标准必要专利许可实施阶段，标准必要专利权人和标准实施者任何一方违反 FRAND 许可义务，除了影响禁令救济能否获得支持外，还可能构成缔约过失或违约责任。若标准必要专利权人利用市场支配地位进行禁令滥用，还可能构成垄断行为，进而承担反垄断法律责任。

标准必要专利禁令滥用涉及多个部门法调整，以 FRAND 原则作为分析工具或线索，有助于厘清标准制定和实施中不同环节或阶段的不正当或违法行为，并将不同违法性质的行为有效勾连了起来，从而有助于全面、系统地认识标准必要

①　Joseph S. Miller, *Standard-Setting, Patents, and Access Lock-in: FRAND Licensing and the Theory of the Firm*, 40 IND. L. Rev. 351, 358（2007）.

②　焦海涛、戴欣欣：《标准必要专利不公平许可费的认定》，载《竞争政策研究》2015 年第 1 期。

专利禁令滥用的行为逻辑和性质。

三、FRAND 原则有助于厘清禁令滥用的判定因素

通观标准必要专利禁令滥用的类型，可以发现，其主要涉及专利信息披露、专利许可谈判、专利实施许可、专利侵权诉讼等方面的问题。纵然标准必要专利的滥用形态各异，但以 FRAND 原则的视角观之，标准必要专利禁令滥用的行为逻辑逐渐得以明晰。

（一）禁令救济之"专利信息披露因素"

虽然违反专利信息披露义务与违反 FRAND 原则之间并不存在直接的关系，但是要求专利权人在其专利纳入标准之时履行专利信息披露义务，有助于 FRAND 原则的贯彻和落实。因为在专利权人未履行专利信息披露义务的情形下，FRAND 原则如"空中楼阁"，无法得以适用。当权利人在标准制定过程中隐瞒其专利信息，一方面，从标准制定组织的立场来看，若标准制定组织在标准制定之初便知悉技术标准中所涉及的专利技术时，将具有较大的选择和权衡空间。但在标准形成之后，标准必要专利权人再披露其标准，将使得标准制定组织难以修改其标准技术方案或寻找可供替代的专利技术。另一方面，对于标准实施者而言，在某一标准推广之初，标准实施者是否采用该标准，也会对该标准所涉及的专利技术加以充分考量和权衡。但随着标准的不断实施，标准实施者将可能在研发、生产等方面投入大量的成本，此时，标准必要专利权人的禁令救济将可能对标准实施者带来巨大损害。所以，禁令救济作为权利人的一种救济手段需要受到一定限制。倘若其在标准制定阶段违反信息披露义务，应就标准实施后的权利行使加以限制。譬如，即使权利人在标准制定时由于隐瞒其专利而没有作出 FRAND 承诺，但在主张权利之时起，必然会受到 FRAND 原则的约束，若违反 FRAND 承诺而寻求禁令，将可能导致禁令的滥用。值得注意的是，违反专利信息披露义务有违 FRAND 原则精神，是对 FRAND 原则的变相违反，违反专利信息披露义务的标准必要专利权人也应承担诸如默示许可等对其不利的法律责任。

（二）禁令救济之"专利谈判、许可因素"

就专利许可谈判、专利实施许可、专利侵权诉讼的关系而言，由于存在着

"标准实施者先实施标准→构成专利侵权→专利许可谈判(失败)→权利人禁令救济""专利许可谈判(失败)→标准实施者实施标准→构成专利侵权→权利人禁令救济"以及"边谈判、边实施、边寻求禁令救济"等不同情形,且各种不同情形的行为逻辑也具有一定差异,此时便需要借助 FRAND 原则来对不同情形的禁令救济是否构成滥用加以综合判断。FRAND 原则对双方专利许可谈判的程序进行了规定,同时对专利实施许可的方式和内容进行了限制。

FRAND 承诺对标准必要专利禁令的约束主要体现在不合理专利许可费率和歧视性许可这两个方面。譬如标准必要专利禁令救济往往围绕专利许可费进行,而专利许可费的确定又需要以 FRAND 原则为依据,禁令救济、许可费率、FRAND 原则之间存在着内在的逻辑关联。就合理专利许可费率而言,自主协商、行政规制、法院裁判和仲裁机制是确定标准必要专利许可费的主要方法,其中标准必要专利许可费的司法认定在学理上探讨甚多。"给出一个确定的许可费(率)数额"是标准必要专利许可费司法认定的旨归,也属于 FRAND 原则的核心问题之一。① 值得注意的是,单独以专利许可费争议提起诉讼的案例较少,需要确定标准必要专利许可费的情形主要发生在标准必要专利侵权案件或反垄断案件之中。在标准必要专利权人提出禁令之诉的情形下,其所给予专利实施者的专利许可费报价依据是否违反 FRAND 原则,将影响其是否构成禁令滥用。

就歧视性许可而言,倘若标准必要专利权人"坐地起价",索取过高的专利许可费,进行差异性许可,且一旦谈判失败便寻求禁令救济,便可能构成禁令的滥用。在反垄断执法中,往往将标准必要专利垄断企业是否违反 FRAND 原则作为判定违法与否的重要证据,在标准必要专利歧视性许可案件的执法当中,如何依据 FRAND 原则确定许可费的"不合理歧视性"是执法的关键。② 可见,FRAND 原则不仅对标准必要专利许可进行了一定的约束,而且对标准必要专利禁令的救济也附加了一定限制条件。

(三)禁令救济之"禁令申请时机、竞争关系因素"

当权利遭受侵犯时,权利人提起禁令之诉本是应有之义。但是,较之标准必

① 马海生:《标准必要专利许可费司法定价之惑》,载《知识产权》2016 年第 12 期。
② 唐要家、尹温杰:《标准必要专利歧视性许可的反竞争效应与反垄断政策》,载《中国工业经济》2015 年第 8 期。

要专利实施人，标准必要专利权人无论是在技术实力，还是在谈判实力等方面，均处于优势地位，实力的悬殊，使得法院对标准必要专利权人所提出的禁令请求，需要保持审慎的态度。标准必要专利禁令救济是否构成滥用，还要基于 FRAND 原则，对提起禁令的时机和动因加以审视，进而把握标准必要专利禁令救济是否具有正当性。标准必要专利权人提起禁令之诉，除了出于正当维权的需要之外，标准必要专利人可能以禁令之诉相威胁，索要过高的专利使用许可费及许可条件，或通过专利拒绝许可，将竞争对手排除市场，谋取垄断地位等，从而构成标准必要专利禁令的滥用，导致易出现"强者更强、弱者更弱""赢家通吃、输家出局"的不良局面。可见，标准必要专利禁令救济既可作为专利权人维护自身专利权的合法手段，也能引起不公平竞争与反垄断问题。①

然而，动因本身比较抽象，较难认定，需要借助于标准必要专利权人与标准必要专利实施者之间的竞争关系来加以综合判断，确保 FRAND 原则的具体适用。对于竞争关系，在反不正当竞争法语境下，有学者认为"竞争关系主要指商品之间具有替代关系（相似功用的商品）的经营者之间争夺交易机会的关系"，② 此外，与竞争者有关的其他社会关系也包含其中，如关联关系、赞助关系、许可关系等。竞争关系的界定在反不正当竞争法适用过程中具有重要的意义，"竞争关系的界定直接决定着是否构成不正当竞争行为，是不正当竞争案件审理的先决条件"。③ 在反垄断法层面，竞争关系对垄断形式的判定也具有重要的意义，譬如横向垄断往往发生在具有竞争关系联盟体之间，而纵向垄断则发生在不具有竞争关系的企业之间。又如，相关市场界定作为反垄断分析的基础和起点，其主要任务便是确定能够与某种产品发生竞争关系的同类产品或替代产品的范围，换言之，"反垄断法中市场界定实际就是确定竞争关系存在的范围，具有竞争关系产品的总和构成相关产品市场"④。标准必要专利禁令滥用既可能构成不正当竞争

① 仲春：《标准必要专利禁令滥用的规制安全港原则及其他》，载《电子知识产权》2014年第 9 期。

② 孔祥俊：《论反不正当竞争法中的竞争关系》，载《工商行政管理》1999 年第 19 期。

③ 叶明、陈耿华：《互联网不正当竞争案件中竞争关系认定的困境与进路》，载《西南政法大学学报》2015 年第 1 期。

④ 时建中、王伟炜：《论反垄断法中相关市场的含义及其界定——兼论我国部分行业相关市场的界定》，载《重庆社会科学》2009 年第 4 期。

行为，也可能构成垄断行为。一般而言，标准必要专利权人与标准必要专利实施者之间具有竞争关系，将更有可能进行标准必要专利禁令的滥用。故通过分析当事人之间的竞争关系，有助于把握标准必要专利权人的提起禁令申请的动因，并在此基础上明晰标准必要专利禁令救济的合法和违法界限。

综合观之，当标准必要专利权人在专利许可谈判和专利实施许可等阶段违反FRAND原则或精神，而贸然寻求禁令，将涉嫌禁令的滥用，进而承担相应不利的法律后果。由此可见，以商业运作策略观之，专利许可谈判、专利实施许可、禁令救济之间虽然在程序上并不存在必然的先后顺序之分，但在FRAND原则的具体适用过程中，对寻求禁令之前专利实施许可的条件、程序（专利谈判程序）、方式等给予了限制，譬如在寻求禁令之前，嵌入了"标准实施者是否发出了无条件且合理的要约，标准必要专利权人是否给予了及时有效的回应"等程序性要求。

第四章　竞争执法部分：标准必要专利禁令滥用的竞争法问题分析

标准具有网络效应和锁定效应，因此对于相关市场的经营者来说，生产符合一定标准的商品，将提高产品的兼容性和市场接受度。若不能生产符合标准的商品，意味着经营者成本的增加、市场份额的削减、竞争力的减弱以及被排除出相关市场等风险。专利权是法定垄断权，标准与专利的融合，导致相关市场的经营者，无论是基于技术抑或商业成本的考量，都很难转向其他技术而生产出符合标准的商品，此时，符合该项技术标准的专利便成为经营者在相关市场参与竞争的必备条件。标准必要专利权人，在拥有专利权这一法定垄断权的基础上，叠加了标准的锁定效应和网络效应，将取得较强的市场支配力量。专利权人参与市场竞争，意在实现利益的最大化。当标准必要专利授权许可市场成为卖方市场时，专利权人在正常的行权行为无法获得预期利益的情形下，便通过滥用权利的方式实现垄断利益。[1] 标准必要专利禁令滥用行为，除了会对其他经营者造成损害外，基于标准的公属性，还可能传导给社会公共利益，对市场竞争秩序造成极大危害。故，为了保证市场竞争的公平、合理、有序，对标准必要专利禁令救济滥用行为应当予以竞争法规制。

第一节　反垄断视角下标准必要专利禁令滥用的法理逻辑

从专利权滥用的角度看，标准必要专利禁令救济滥用行为属于程序性滥用的一种。然而，标准必要专利禁令滥用是否能成为独立的垄断行为类型，在反垄断

---

[1]　仲春：《标准必要专利禁令滥用的规制安全港原则及其他》，载《电子知识产权》2014年第9期。

法中无法寻求明确的依据。厘清标准必要专利滥用与标准必要专利禁令之间的关系，对反垄断法分析具有一定的区分意义。在不涉及禁令因素时，诸如基于标准必要专利优势所产生的搭售、不公平高价、限制性竞争条款、拒绝许可等行为可较好地匹配于反垄断法中市场支配地位滥用各类型之中。一般而言，寻求禁令的动机往往为追求相应的竞争效果，以寻求禁令等程序性手段追求不公平高价、搭售商品、歧视性许可等实体性结果，此时，是对禁令追求结果的规制抑或是对禁令本身的规制，在学理和实践中尚无定论。

一、专利权滥用理论的切入——实体性滥用与程序性滥用

专利权滥用可分为实体性滥用和程序性滥用，前者如专利拒绝许可、专利搭售、不争执条款、差异化许可、回馈授权、延展性许可、专利联营、标准专利滥用以及专利许可中的相关限制等，后者如专利恶意诉讼、虚假诉讼、专利懈怠行为、标准必要专利诉讼滥用等。[1] 由此可见，标准必要专利滥用属于专利权滥用的表现样态之一。标准必要专利滥用主要指权利人凭借标准必要专利对其所形成的特殊优势，以此相要挟谋取不合理许可费和许可条件的行为。有学者基于许可人与被许可人双重角度，以实体法与程序法为划分依据，认为标准必要专利的许可人滥用实体上主要是专利伏击和专利劫持，而程序上主要是威胁申请禁令或排除命令；被许可人滥用主要是反专利劫持和诉求专利无效等。[2] 标准必要专利滥用集中体现为凭借标准必要专利的不可或缺性，索取过高的专利许可费，其行为类型主要包括"不合理的许可费计算基础、标准必要专利与非标准必要专利进行捆绑许可、专利许可与产品进行捆绑销售、要求被许可人进行免费反许可等"。[3] 由此可见，标准必要专利滥用是一种实体性滥用行为，而标准必要专利禁令滥用是一种程序性滥用行为。值得注意的是，纵然标准必要专利滥用可分为实体性和程序性滥用，考虑到学理上所形成的通用表达方式，在标准必要专利领域语境下，一般将实体性滥用统称为"标准必要专利滥用"，程序性滥用则称之为"标准

①　宁立志：《规制专利权滥用的法律范式论纲》，载《社会科学辑刊》2018年第1期。

②　翟业虎：《论标准必要专利的滥用及其法律规制》，载《东南大学学报：哲学社会科学版》2017年第4期。

③　邓志松、戴健民：《简析滥用标准必要专利的行为类型：以高通案为视角》，载《中国价格监管与反垄断》2014年第8期。

必要专利禁令滥用"。

从形式上来看，标准必要专利禁令滥用与专利权滥用、标准必要专利滥用之间，在概念上存在着递进关系。但从实质上来看，它们之间也存在着交叉关系。在反垄断法语境下，需要对基于标准必要专利优势所实施的垄断行为与基于标准必要专利禁令所引起的垄断行为加以区分。

二、基于标准必要专利优势所实施的垄断行为

标准必要专利垄断包括"标准制定中的欺骗行为"和"标准实施中的限制竞争行为"，其中后者主要包括拒绝许可行为、专利许可的超高定价行为、滥用禁令救济行为。[1] 虽然标准必要专利禁令滥用可被称为标准必要专利滥用的一种具体类型，但在反垄断法语境下，对二者加以单独讨论，更有利于反垄断法在标准必要专利禁令滥用领域的适用。

(一)附加限制竞争条款

附加限制竞争条款主要指在标准必要专利实施许可中，标准必要专利权人利用市场支配地位优势，设定诸如收取过期专利使用费、不争执和不竞争条款、交叉许可等不合理、不公平的条件来谋取垄断利益。

1. 收取过期专利使用费

专利制度赋予发明专利权的期限为 20 年，实用新型专利权的期限为 10 年，外观设计专利权的期限为 15 年，均自申请日开始计算。专利权在保护期限届满后，便不再受专利法保护，且不存在与商标法类似的续展程序。专利权保护期届满，专利技术便进入公有领域，成为现有技术，任何人均可使用，专利权人无权加以阻止。标准必要专利权人为了实现利益最大化，在通过正常的标准必要专利授权许可无法满足其预期的利润目标时，便会倾向于在标准必要专利授权许可时，附加其他不合理条件，比如一揽子专利许可收取统一的许可费，其中就包含过期的专利。[2] 过期的专利，已经进入公共领域，标准实施者无需对其支付费用

---

[1] 李剑：《论反垄断法对标准必要专利垄断的规制》，载《法商研究》2018 年第 1 期。

[2] 吴广海：《专利打包许可中过期收取许可费的法律规制》，载《南京理工大学学报(社会科学版)》2010 年第 6 期。

便可以加以使用，因此标准实施者一般会拒绝接受该项不合理条件。标准必要专利权人在标准实施者拒绝接受支付过期专利许可费后，通过向法院提起禁令救济相威胁。如果标准实施者不接受支付过期专利许可费条件，便通过禁令救济将其排挤出相关市场。标准必要专利权人在标准必要专利授权许可市场上具有强大的市场力量，通过禁令救济方式胁迫标准实施者支付过期专利许可费，涉嫌滥用市场支配地位排除或限制竞争。

2. 不争执条款、不竞争条款

不争执条款与不竞争条款，分别指专利权人在专利实施许可中，在许可协议上增加被许可人不得质疑其专利有效性或者要求被许可人使用专利技术生产的商品或提供的服务时候，不得与许可人进行竞争的约定。专利技术被授予后，第三人有权对专利技术的有效性等提出质疑；在获得专利权人的授权许可后，被授权人有权决定生产的商品或服务是否进入市场以及进入何种市场参与竞争，专利权人无权对被许可人的权利进行不合理的限制。专利权人拥有市场支配地位之时，如果进行专利技术的授权许可要求被许可人同意接受不争执条款或者不竞争条款，会极大限制被许可人的权利，排除或限制了相关市场的竞争，损害消费者利益等社会公共利益，涉嫌滥用市场支配地位。①

基于专利权的法律状态具有相对性，存在被确认无效的可能，标准化组织在确定标准必要专利时，并不对专利的有效性提供保证。标准必要专利人在专利实施许可时，为了保持专利的有效性状态，便会在专利实施许可协议中要求标准实施者不得质疑其专利的有效性。标准必要专利实施许可合同中不得质疑专利有效性的约定，实际剥夺了标准实施者选择更低成本技术的可能。如果标准实施者不愿意接受实施许可中规定的不争执条款或者不竞争条款，标准必要专利权人便会通过向法院申请禁令救济的方式，胁迫其接受不争执条款或者不竞争条款，或者拒绝许可标准实施者使用该项专利技术，从而将标准实施者排挤出相关市场。此种行为与禁令救济相结合，会排除或者限制相关市场的竞争，扰乱市场竞争秩序，涉嫌滥用市场支配地位。

3. 交叉许可

交叉许可是指两个以上的经营者拥有彼此所需要的专利技术，因此在进行专

---

① 宁立志、李文谦：《不争执条款的反垄断法分析》，载《法学研究》2007 年第 6 期。

利实施许可时，可以采取彼此交叉授权的方式进行许可。从积极性意义上来看，交叉许可能够有效降低成本，提高授权许可效率，并不必然违反垄断法。[①] 但是，拥有市场支配地位的专利权人，在进行专利实施许可之时，要求被许可人接受其现有专利的免费反向许可或者后续专利研发的免费反向许可，剥夺了被许可人专利授权许可的选择权以及专利授权后的报酬请求权，使得其激励性回报受到削减，后续创新能力得到抑制，影响其参与市场竞争的能力，最终损害消费者利益等社会公共利益，涉嫌滥用市场支配地位。

标准必要专利权人基于其强大市场力量，在专利授权许可时，也会要求标准实施者接受免费的专利反向许可条件，否则拒绝许可专利或者通过向法院申请禁令救济的方式引起实质上拒绝专利许可的效果，从而剥夺标准实施者使用专利的可能性，致使其进入相关市场进行竞争或者使得其参与市场竞争的能力被削弱，限制或排除相关的市场，扰乱市场竞争秩序，从而涉嫌滥用市场支配地位。

(二) 专利搭售

专利搭售是指专利权人在专利权实施许可、转让过程中，要求对方接受其他商品或服务的行为。专利搭售属于中性词，因为专利搭售在一揽子许可或转让交易相对人需要的专利技术或者商品(服务)时，一定程度上可以降低交易的成本，促进交易双方的利益最大化。但是，若具有市场支配力量的专利权人没有正当理由强行要求交易相对人接受其并不需要的搭卖品，便涉嫌滥用市场支配地位，可能排除或限制市场竞争。[②]

标准必要专利权人在专利权许可、转让时，由于该专利权是标准实施者进入相关市场参与竞争或者在相关市场持续经营的必备条件，标准必要专利权人为了实现利益最大化，便具有要求标准实施者接受专利搭售的动机。一般而言，专利搭售的对象也即搭卖品大多不是标准实施者需要的技术、商品或服务，这些技术、商品或者服务，或是市场上无法有效销售的，或是市场价值较低无法单独许可的。而通过搭售，专利权人却可以有效取得该部分专利技术或者商品或者服务

[①] 宁立志、陈珊：《回馈授权的竞争法分析》，载《法学评论》2007年第6期。

[②] 宁立志：《专利搭售许可的反垄断法分析》，载《上海交通大学学报(哲学社会科学版)》2010年第4期。

对价，甚至攫取超过该技术或者商品或者服务价值的对价。此时，如果标准实施者拒绝接受专利搭售，而标准必要专利权人则通过申请禁令救济来胁迫标准实施者接受专利搭售，便涉嫌滥用标准必要专利禁令救济。执法机关在具体判断专利搭售是否构成市场支配地位滥用时，会综合"是否违背标准实施者的意愿；是否符合商业交易的惯例以及消费习惯；搭售是否违背了专利技术、商品或服务的性质差异及其相关性；搭售是否是为了保证专利技术、商品或者服务的兼容性、安全性以及提高性能所不可少的；是否限制了其他经营者获取交易机会"等因素加以考量。专利搭售是垄断行为在专利领域的表现形式之一，但在标准必要专利禁令滥用语境下，专利搭售并未被视为独立的垄断行为类型，而是考量标准必要专利禁令救济是否构成滥用的参考因素。

（三）专利拒绝许可

专利权人在进行专利实施许可时，有权许可或不许可他人使用其专利，专利权人拒绝许可他人使用其专利权也是自由行使权利的重要体现。但专利拒绝许可并非不受限制，若专利权人具有市场支配地位，且无正当理由而拒绝许可，那么该专利拒绝专利许可意味着其他经营者使用专利技术生产商品或提供服务的机会被剥夺，可能会限制或排除相关市场竞争，损害社会公共利益。[①]

具体到标准必要专利领域而言，标准必要专利权人基于标准的影响，一旦实施某些标准，标准实施者在技术上和商业上都很难转向其他技术而生产出符合标准的商品。这也使得标准必要专利权人在相关市场上具有强大的市场力量。如果标准必要专利权人为了保持技术的领先优势，控制市场，也可能会对竞争对手进行专利拒绝许可。简言之，标准必要专利权人利用其优势地位，以禁令相威胁既可谋取不合理的许可条件，也可对第三人能否进入相关市场产生决定性影响。一般来说，直接进行专利拒绝许可具有较大的反垄断风险，因此标准必要专利权人可通过禁令救济的方式，达到实质上的拒绝许可效果，从而阻止竞争对手或交易相对人与其进行竞争。

在判断权利人是否存在以禁令救济之名，行专利拒绝许可之实的行为时，应

---

① 詹昊等：《专利拒绝许可反垄断法适用问题的比较研究》，载《竞争政策研究》2016年第4期。

当在个案中具体按照以下因素进行分析："标准必要专利权人作出的 FRAND 许可承诺等声明；专利许可拒绝对于标准实施者的创新影响；标准实施者是否怠于支付许可费或者履行其他许可条件；标准实施者是否具有专利技术实施后的质量保障能力，以确保专利能够被正当实施或者使用专利技术制造的商品安全、性能可靠等。"专利拒绝许可本身便可作为反垄断法一个独立的话题加以探讨，在标准必要专利禁令滥用语境下，标准必要专利权人在专利许可谈判中，漫天要价，致使双方无法达成合意，其本质也是一种专利拒绝许可。所以，从某种程度上来讲，标准必要专利禁令滥用内含着专利拒绝许可这一行为。

（四）歧视性定价

歧视性定价是指经营者凭借其市场优势地位，面对相同条件的交易相对方，而采取的不公平差异化定价方式，而可能产生限制或排除竞争的效果。市场经营中，经营者有权对不同的交易相对人给予不同的价格，但是此种差别条件，若对市场竞争秩序造成影响，便构成歧视性定价。① 标准必要专利权人在进行专利授权许可时，有权对于不同的标准实施者给予不同的许可费，从某种意义上来看并不与市场规律相违背。然而，进行不同的许可费定价，只能基于许可条件的差异，或者虽然许可条件实质相同，但是不同的许可费定价的变动区间在合理的范围之内。如果标准必要专利权人在许可条件实质相同的情况下，给予标准实施者的许可费定价不在许可费变动的合理区间内，并且在标准实施者拒绝接受歧视性许可费定价时，标准必要专利权人据此向法院提起禁令救济相威胁，那么便涉嫌滥用市场支配地位。

执法机关在认定是否构成歧视性定价时，可考量以下因素：给予标准实施者的许可条件是否相同，可从专利许可的性质、范围以及不同的标准实施者使用专利技术形成的商品或服务是否具有可替代性等方面进行考虑；许可条件是否属于实质不同，除了考虑双方的授权协议外，还应当考量为标准必要专利权人与标准实施者之间形成的其他附属交易安排，是否会对许可条件产生影响；是否会明显影响标准实施者参与相关市场竞争能力等。标准必要专利禁令救济受到 FRAND

---

① Anne Layne-Farrar 等：《计算"公平、合理、无歧视"专利许可费损失办法》，载《竞争政策研究》2015 年第 3 期。

("公平合理无歧视")原则的约束，歧视性定价很有可能违反 FRAND 原则，而使禁令救济缺乏正当性。

(五)索取过高专利许可费

市场主体在进行专利技术研发时，投入了大量的人力、物力和财力，因此在技术研发完成并被授予专利权后，便可能通过收取专利授权许可费获得合理的激励性报酬，以期收回投资和获得利润。因此，市场主体通过专利授权获得许可费等收益，反垄断法并不会介入。然而，专利权作为法定垄断权，当专利权人不当行使权利时，可能限制或排除相关市场的竞争，损害社会公共利益，从而受到反垄断法的关注。尤其是，标准必要专利权人借由标准化所带来的市场支配地位，要求标准实施者接受不公平高价的专利许可费时，在标准实施者拒绝接受不公平高价后，便向法院提起禁令救济胁迫其接受，在损害标准实施者利益的同时，也扰乱了市场竞争秩序，构成市场支配地位的滥用。

一般而言，执法机关在具体分析标准必要专利权人的许可费是否构成不公平高价时，主要考虑以下因素：标准必要专利权人要求的许可费是否与专利技术的市场价值明显不符；标准必要专利权人是否作出了 FRAND 许可承诺等许可声明；标准必要专利的许可历史以及类似技术的许可历史信息；许可费的计算是否超越了许可范围限制以及专利技术可覆盖的商品范围限制；许可费计算中是否主张了无效专利的许可费；标准必要专利权许可协议是否包含了其他不合理的许可条件等。不公平高价与禁令滥用有着密切的关系，标准必要专利权人往往以禁令相威胁，强迫标准实施者接受高于市场合理价格的专利许可费，此时禁令滥用便是权利人谋取不公平高价的重要手段。

三、以标准必要专利禁令相威胁所引发的垄断行为

标准必要专利禁令救济行为，主要指专利权被侵犯后，专利权人向司法机关寻求实体法上保护的行为。标准必要专利禁令救济滥用行为，主要存在于标准必要专利权人与标准实施者的专利实施许可谈判过程之中。此时，禁令滥用将可能与诸多其他垄断行为相结合。比如标准必要专利权人为了让标准实施者接受不合理的许可费、歧视性价格或者其他搭售条件，便以"向法院提起禁令救济"作为

胁迫手段。

标准必要专利禁令滥用与标准必要专利滥用分别属于专利权程序性滥用和实体性滥用，但二者之间并非简单的包含和被包含的关系，在标准必要专利禁令滥用过程中，往往也夹杂着标准必要专利滥用的成分。譬如专利搭售、歧视性定价、不公平高价、专利拒绝许可、收取过期专利使用费、不争执条款、交叉许可等作为标准必要专利滥用行为的主要样态，亦可作为标准必要专利禁令滥用所追求的目标之一。举例来讲，专利搭售既可作为一种独立的标准必要专利滥用行为而存在，也可能是标准必要专利权人为追求专利搭售的效果而通过禁令滥用这一手段加以实现。"标准必要专利滥用"与"标准必要专利禁令滥用"之间区分的意义在于：有助于理清某一滥用行为所产生的限制竞争效果，所凭借的究竟是标准必要专利本身所形成的市场优势，还是标准必要专利禁令所形成的震慑力，进而为具体垄断行为类型的确定①提供逻辑线索。譬如有学者认为，向法院寻求禁令或者以禁令申请相威胁的行为，可理解为反垄断法中所规定的不公平高价销售、附加不合理的交易条件、搭售或者拒绝交易等行为，还可被理解为一种新型的、特殊的、单独的滥用市场支配地位的行为。② 专利拒绝许可、专利搭售、不争执条款、专利费叠加等滥用行为并不能完全吸收标准必要专利禁令滥用行为，鉴于其行为样态相对定型，应将标准必要专利禁令滥用行为作为一种独立的滥用市场支配地位类型予以规制。③

---

① 《反垄断法》第 17 条规定：禁止具有市场支配地位的经营者从事下列滥用市场支配地位的行为：（1）以不公平的高价销售商品或者以不公平的低价购买商品；（2）没有正当理由，以低于成本的价格销售商品；（3）没有正当理由，拒绝与交易相对人进行交易；（4）没有正当理由，限定交易相对人只能与其进行交易或者只能与其指定的经营者进行交易；（5）没有正当理由搭售商品，或者在交易时附加其他不合理的交易条件；（6）没有正当理由，对条件相同的交易相对人在交易价格等交易条件上实行差别待遇；（7）国务院反垄断执法机构认定的其他滥用市场支配地位的行为。根据该条所确定的市场支配地位滥用类型，若标准必要专利权人存在禁令滥用情形，既可根据寻求禁令所追求的结果选择适用该条（1）（2）（3）（4）（5）（6）规定等情形，若欲规制禁令本身，亦可适用该条（7）规定之情形，将标准必要专利禁令滥用视为一种独立的市场支配地位滥用类型。

② 丁亚琦：《论我国标准必要专利禁令救济反垄断的法律规制》，载《政治与法律》2017年第 2 期。

③ 韩伟、徐美玲：《标准必要专利禁令行为的反垄断规制探析》，载《知识产权》2016 年第 1 期。

值得一提的是，因标准必要专利滥用行为往往存在市场支配地位滥用的情况，故在反垄断法语境下探讨甚多，但同时，因该种行为较多涉及滥用诉讼程序谋取不当的利益，还可能受到专利法、诉讼法、竞争法等多个部分法的调整。在标准必要专利禁令滥用规制语境下，标准必要专利滥用行为可作为评价某一禁令是否构成滥用的重要参考依据。

第二节　标准必要专利禁令救济与市场支配地位滥用

科学技术的不断更新，也伴随着专利技术的跟进覆盖，越是前沿的科技领域，专利技术的覆盖率越高。专利所具有的垄断性与标准的普及性虽存在冲突，但标准也需要与时俱进，专利技术往往代表着某一领域的前沿技术，标准与专利的结合不可避免。为了保证标准的广泛适用性，标准化组织在制定标准时对专利的纳入持谨慎态度。专利与标准的融合，一定程度上促进了相关领域生产基准的提高，商品安全性、稳定性以及兼容性更加优良，商品生产与服务的提供成本降低、消费者福利得以提升。但是标准必要专利权人的逐利动机，使其不仅要收回前期研发的投入，而且还要获取技术垄断所带来的超额利润。若任由专利权人追求利益最大化，其必将超越权利行使的边界，导致权力滥用，如滥用标准必要专利禁令救济，便可能对市场竞争秩序造成损害。因此，为了保证市场秩序的良好运行，行政执法机关有必要对标准必要专利禁令救济滥用行为是否构成滥用市场支配地位进行反垄断调查。

行政执法机关在判定标准必要专利权人的行为是否属于滥用市场支配地位时，需要依照反垄断法基本范式进行分析：首先，需要界定标准必要专利的相关市场，包括商品市场或地域市场。其次，在相关市场基础上，分析标准必要专利在相关市场上是否具有支配地位，若具有方能进行下一步分析，否则标准必要专利权人的禁令救济行为将被排除在反垄断规制之外。最后，在得出标准必要专利权人具有市场支配地位的基础上，通过对标准必要专利权人的行为进行分析，判断标准必要专利权人的禁令救济行为是否对市场竞争造成负面影响，是否会阻碍市场竞争秩序。如果对市场竞争造成消极影响，标准必要专利权人的禁令救济行为方能构成滥用市场支配地位；否则标准必要专利权人禁令救济行为属于正当维权行为，应当予以保护，毕竟经营者具有市场支配地位本身并不必然受到反垄断法的规制，惟在滥用市场支配地位，且产生排除或限制竞争的效果时，反垄断法才会适时介入规制。

一、标准必要专利相关市场的界定——基于替代关系与关键设施理论分析

竞争行为大多发生在一定的市场范围内。相关市场界定在于明确经营者进行竞争的市场范围，是认定滥用市场支配地位的起点和基础，对于反垄断执法工作的开展具有重要意义。相关市场是指与经营者的产品或服务在某一时间段内具有替代性和竞争关系的特定商品或服务的商品范围以及地域范围。相关商品市场系指在达到相同的功能和用途的情形下具有替代关系的某些商品所构成的市场。相关地域范围，是指在特定时间范围内，商品的需求者获得具有紧密竞争关系的商品的地理范围。如果涉及知识产权，还应考虑技术市场、知识产权对创新的影响。由于标准必要专利禁令救济行为，主要涉及知识产权，因此在界定相关市场时必须考虑相关技术市场。相关技术市场指知识产权所指向的技术以及与该技术进行竞争的替代性技术所构成的技术许可交易市场。

在界定相关市场时，市场范围的大小主要取决于商品或者其地理范围的可替代性，其中地理范围系能与市场经营者参与市场竞争构成直接竞争关系的、需求者可取得可替代性的商品或者供应者能够提供此类商品的地理区域。因此，理论上界定相关市场，一般从需求替代关系入手。但是供给替代也能产生需求替代同样的竞争约束效果的，也需要进行供给替代分析。

首先，标准必要专利相关市场范围需求替代分析。需求替代主要从商品的功能、用途、价格、可获取的难易程度及性能等方面，基于需求者的角度来分析商品或者服务之间是否具有替代性。第一层面，使用标准必要专利的相关商品市场需求替代分析。就使用标准必要专利的商品中蕴含的专利本身而言，能达到与其同样或类似技术效果的其他专利技术可能还有很多，但不能仅从技术效果等方面来判定技术之间是否具有替代关系。对于标准必要专利来说，技术效果仅是必要条件，还须考虑标准的安全性、统一性以及可兼容性，也即某一专利技术是否与标准必要专利之间构成替代关系，关键在于该专利技术的实施所生产的产品能否

符合标准的要求。因为标准已经对该技术方案进行了明确规定，该项规定已然固定，无法进行更改，只有实施该标准必要专利所生产的商品方能满足标准的规定。如果经营者不使用标准必要专利生产商品，那么该商品将难以符合标准，从而无法与市场上其他商品进行兼容，商品使用效能不足，而且可能存在安全隐患。如果商品不符合标准，存在兼容性、安全性等方面的不足，则理性的需求者几乎不会购买此种商品。因此，从需求者角度来看，标准必要专利与非标准必要专利，无论是功能、性能与用途等方面均不存在替代关系。另外，市场中也不存在与标准必要专利形成直接竞争约束的专利技术。第二层面，使用标准必要专利的商品相关地域市场需求替代分析。因专利权具有地域性，专利技术在一个国家被授权，在另一个国家不一定被承认。使用标准必要专利的商品，其进口行为也会受到一定的限制，比如平行进口商品在我国并没有得到承认。因此，当使用标准必要专利的商品价格变化时，需求者也无法转向其他地区选择商品。另外，标准的适用地域范围也存在区别，在我国便存在国家标准、地方标准以及行业标准，不同范围的标准必要专利，其地域市场界定也存在差异。标准必要专利的相关地域范围，一般为标准所限制的地域范围。故，基于专利的地域性和标准的适用范围相对确定，当使用标准必要专利的商品价格发生变化时，需求者也无法转向其他地区获取满足该标准的商品。第三层面，标准必要专利的相关技术市场需求替代分析。由于标准是为了实现某一领域商品的统一性、安全性以及可兼容性而制定的，其具有网络效应和锁定效应，标准实施者如需满足标准要求，便应当使用标准必要专利，因此当标准必要专利的价格提高时，标准实施者也无法转向其他技术。

其次，标准必要专利的相关市场供给替代分析。供给替代是考虑其他经营者改造生产设施增加的投入、可能承担的商业风险以及进入目标市场可能需要花费的时间，进而从供给者的角度来确定不同商品的替代程度。第一层面，标准必要专利相关商品市场供给替代分析。标准是为了保证某一领域商品的安全、可兼容性以及统一性制定的供重复性使用的文件，具有网络效应和锁定效应，意味着符合标准是进入市场或经营者在相关市场参与竞争的基本条件。专利权是一种法定垄断权，而标准又是供相关市场主体重复性使用的统一性文件，当标准与专利结合后，标准的公属性与专利的法定垄断性相结合，使得标准必要专利具有了两大特征：不可绕过性与必需性。基于标准必要专利这两大特征，供给者如欲制造符合标准的商品，就不得不使用标准必要专利。一旦供给者使用了标准必要专利，那么标准的锁定效应和巨大的转换成本会使其在技术上无法轻易转向其他专利技术。如果供给者想要自主研发专利或者形成标准，那么需要等到下次标准更新时，方有可能将其专利纳入其中，进入目标市场的时间将会被拖延。因此，从供给者的角度来看，并不存在其他专利技术能够对标准必要专利构成直接竞争约束力，其他技术与标准必要专利不构成紧密替代关系。第二个层面，使用标准必要专利的商品相关地域市场供给替代分析。从供给者角度分析标准必要专利的相关地域市场时，应当考虑如下因素：其他地域供给者对使用标准必要专利的商品价格发生变化后的反应，其他地域供给者销售可与使用标准必要专利的商品直接竞争商品的及时性与可行性。专利权具有地域性，而标准可分为国际、国家、地区以及行业标准，因此标准必要专利也具有地域性。由于标准的约束，其他地域技术供给者无法提供满足标准要求的技术方案，仅该地域内的标准必要专利方能满足，因此从供给分析的角度来看，使用标准必要专利的商品地域市场范围主要为标准所能覆盖的地域范围。第三层面，标准必要专利的相关技术市场的供给替代分析。虽然存在众多专利技术能够实现标准必要专利类似的技术效果，但是此类众多的专利技术的供给者却无法使得其技术效果满足标准的要求。因此，从供给者角度来看，不存在其他供给者可提供满足标准要求的直接竞争技术。

综上，无论是从需求替代分析，还是供给替代分析，均可得出标准必要专利构成一个独立的相关市场，[①] 不存在可以与其直接竞争的其他专利技术。

尤值一提的是，在界定标准必要专利的相关市场时，竞争法理论中还存在一个重要理论即"必要设施理论"或"关键设施理论"（Essential Facility Doctrine）。此种理论认为，市场竞争活动中，某一经营者拥有的特定设备、条件或者能力，构成其他市场经营者进入相关市场的必备的且不可绕开设施的情况下，该设施的经营者如无合理理由拒绝开放时，应当对其他经营者开放该设施，并允许其他经营

[①] 也有学者提出，单独标准必要专利的许可市场不应直接推定为独立相关市场，标准必要专利持有人更不必然拥有市场支配地位，滥用标准必要专利权最主要表现是专利劫持导致的不公平高价行为，对此行为反垄断应采取比较谨慎和温和的态度，只适用于对市场竞争和技术创新产生重大影响等非常特殊的情形。参见魏德：《反垄断法规制滥用标准必要专利权之反思》，载《北方法学》2020 年第 3 期。

者进行使用，不得拒绝交易。没有正当理由拒绝他人使用或者拒绝开放，使得其他经营者进入相关市场参与竞争的能力被剥夺或者使得相关市场的经营者丧失继续参与市场竞争的能力，造成排除或限制市场竞争的效果的，属于反垄断法应规制的垄断行为。[①] 基于保护创新、促进科学技术进步的考虑，专利法赋予专利权人独占使用的权利，亦被称为"法定垄断权"，即一定时间内排他性地享有该技术的所有权。具有天然垄断特征的专利权，加上标准的网络效应和锁定效应，形成了不可替代性以及必需性等特征。其他经营者如欲进入相关市场或者继续在相关市场参与竞争的话，就必须使用标准必要专利。因此，关键设施理论本身就内蕴着相关市场界定的基本要求，若标准必要专利构成其他竞争者的关键设施，意味着该设施本身就构成了独立的相关市场。

二、标准必要专利权人具有市场支配地位的界定

市场支配地位，是指经营者可以通过各种方式有效控制或影响市场的地位。[②] 市场支配地位实质上代表了经营者的市场力量，即经营者在相关市场的市场力量十分强大，当其采取的市场价格高于相关商品的市场价值，或者是高于商品的边际成本，不会实质减损盈利能力或者损失消费者数量。欧共体委员会曾经在 1972 年于"大陆罐案"的裁决中指出，"当某个企业或者某些企业能够在采取市场行为时，不必考虑其他经营者的竞争行为、消费者的选择行为以及其他市场参与者的行为，从而实现在相关市场上独立其于他市场参与者进行商业决策和行为选择，那么便可以认定其在相关市场拥有了市场支配地位"。如果企业可以凭借其在相关市场的市场份额以及其他能够显示其市场地位的专利、商标、融资能力以及原材料获取能力，在相关市场自由控制或者实质影响商品的价格、数量或者其他交易条件，那么便可认定其具备市场支配地位。[③]

---

① 关键设施理论存在争议，就何为设施之"关键"以及判断之标准为何，理论上莫衷一是，适用起来较为复杂。参见李剑：《反垄断法中核心设施的界定标准——相关市场的视角》，载《现代法学》2009 年第 3 期。

② 我国《反垄断法》第 17 条规定，市场支配地位是指经营者在相关市场内具有能够控制商品价格、数量或者其他交易条件，或者能够阻碍、影响其他经营者进入相关市场能力的市场地位。

③ 参见（1972）C. M. L. R. D Ⅱ，para. Ⅱ. 3.，转引自王晓晔：《竞争法学》，社会科学文献出版社 2007 年版，第 287~288 页。

市场支配地位，是经营者拥有的市场力量，代表着经营者的市场影响力。首先，在商品或者服务的价格方面，如果一个企业或者某些企业共同在相关市场具有市场支配地位，那么便拥有在市场谈判中的绝对优势，能够单方面决定谈判的进程，特别是影响定价。虽然具有支配地位的经营者不一定会采取漫天要价或者哄抬价格的行为，但经营者受利益最大化的驱使，具有凭借其市场支配地位垄断价格的动机。其次，在技术创新方面，具有市场支配地位的经营者，拥有充足的资金来源、生产规模或者技术优势，能够为技术研发与创新活动提供充足的资金支持、技术人员或前期的技术基础，从而实现开发技术的目的。但是当市场现存竞争或潜在竞争不足时，拥有市场支配地位的经营者，如其任意提高商品或服务的价格都可以实现盈利，或在较低的成本前提下可以实现盈利的有利条件会使其怠于进行新技术的投入与研发，并且会采取"遏制战略"阻却其他经营者进行研发或技术竞争，以维持其市场支配地位。① 如英国是最早进行工业革命的国家，其国内企业的资金雄厚，市场份额占比大，在第二次工业革命来临时，出于保护自己先前形成的市场支配地位，千方百计阻碍其他经营者采用新技术与其进行竞争，而且采取提高商品价格、限制商品数量等手段掠夺高额利润，后来导致英国的企业领先地位逐渐被美、德等国替代，失去世界工厂的地位。最后，在市场竞争方面，一个公平、开放、竞争、有序的市场中，任何经营者都不可能单方决定商品价格或进行随意的价格上涨行为，因为其价格的上调会导致消费者的流失和其他经营者参与竞争，并随时导致市场份额的快速流失以及市场声誉的下降，从而无利可图。

具有市场支配地位本身并不必然受到反垄断法的责难。但若其滥用市场支配地位并对市场竞争造成严重危害，譬如存在数量限制、价格限制、地域限制等情形，进而阻碍竞争者进入市场，产生排除或限制了市场竞争的效果，给消费者利益或社会公共利益造成了损害，那么将会得到法律的否定性评价。

综上所述，经营者通过合法经营或者通过法律授予垄断权从而取得市场支配地位的，其市场支配地位本身并不应当受到非难，但若拥有市场支配地位的行为人滥用其市场支配地位排除或限制市场竞争，导致市场竞争秩序受到破坏、市场机制失灵、损害消费者利益的，便会受到反垄断法的责难。

---

① 王晓晔：《竞争法学》，社会科学文献出版社 2007 年版，第 290~291 页。

反垄断理论认为在界定市场支配地位时存在三种方法，即市场绩效方法、市场结构方法与市场行为方法。[①]　其中市场绩效方法，是指在认定经营者的市场支配地位时，考量经营者在市场经营活动中的盈利能力与条件，从而通过其市场盈利来认定经营者的市场支配地位。但是此种方法需要认定经营者参与市场竞争活动中的边际成本，而边际成本又很难计算，因此该标准难以在实践中实施。市场结构方法，是指通过测算经营者的市场占有率，即其在相关市场活动中的市场份额来认定经营者的市场支配地位，该方法具备现实操作性和可行性，因此被各国反垄断理论与执法机构广泛采用。市场行为方法是指通过调查经营者在市场活动中的行为，结合其他经营者的行为，或者是否会受到其他经营者的影响，来认定其市场支配地位。对于经营者的市场行为来说，其采取何种行为并非能够决定其市场支配地位，但市场行为的影响一般是认定经营者的行为是否构成滥用的考量要件，而不是认定其是否具有市场支配地位的决定要件，故此方法一般作为考量其市场支配地位的辅助考察方法。综上所述，在认定经营者的市场支配地位时，应以市场结构方法为主，市场行为方法为辅。在具体活动中考量经营者的市场支配地位时，应考量经营者的市场份额、供求关系、知识产权等因素。

对于经营者是否具备市场支配地位的认定，一般在考量其市场结构过程中交叉使用以下两种方法：推定方法和认定方法。[②]　"前者主要从经营者市场活动相关事实中结合市场份额来推定其是否具有市场支配地位；后者则综合考量经营者的资金量、控制销售市场与原材料市场的能力、技术优势等。"[③]但是，无论是通过推定方法，还是通过认定方法所得出的经营者具有市场支配地位的结论，都应具有相对的稳定性。因为在瞬息万变市场环境中，即使在一定时间内某一市场主体具有占据较高的市场份额，也很有可能随着竞争者的进入，市场份额不断锐减，从而难以被认定具有市场支配地位。

[①]　王晓晔：《竞争法学》，社会科学文献出版社 2007 年版，第 294～295 页；王晓晔：《反垄断法与市场经济》，法律出版社 1998 年版，第 203～204 页。

[②]　袁波：《标准必要专利权人市场支配地位的认定——兼议"推定说"和"认定说"之争》，载《法学》2017 年第 3 期。

[③]　具有以下情形，便可推定竞争者具有市场支配地位：一个竞争者拥有相关市场二分之一以上市场份额；两个竞争者拥有相关市场合计达到三分之二的市场份额；三个竞争者的相关市场份额合计达到四分之三；但应排除其中存在竞争者市场份额不足十分之一的情形；而且在被推定为具有市场支配地位时，竞争者可以通过证据证明其不具有市场支配地位。

上述认定市场支配地位的方法是在相关市场界定过程中发现一个相关市场中存在多项商品时才予以使用。当相关市场仅为一项商品或者一项商品构成独立的相关市场时，上述经营者的市场支配地位的认定方法便不再适用。在专利技术市场中，对于一项普通专利可实现的技术效果，其他类似技术也可实现相同的技术效果，达到相同的技术目标，比如手机触屏技术，就包含电阻屏和电容屏等触屏技术；手机解锁技术，包含九宫格图案解锁、数字解锁、指纹解锁、声纹解锁以及瞳孔、面部解锁，等等。因此，就一项普通专利技术的相关市场界定需要采取市场结构方法，在认定方法抑或推定方法的规则下进行分析，方能得出拥有普通专利的经营者是否具备市场支配地位。但是对于标准必要专利这种特殊的专利来说，由于其具有不可替代性和不可或缺性，如欲使生产商品或者提供服务满足标准的要求，那么就应当按照标准生产或者服务，而按照标准生产或服务又必然会使用其中包含的标准必要专利技术，需求者没有选择余地；而其他技术虽然可以在技术效果上与标准必要专利形成一致，但是却无法使得商品或服务达到标准要求，不具商业意义。所以，标准必要专利构成独立的相关市场。那么标准必要专利权人在这个独立构成的相关市场中，不存在其他技术与之进行竞争，因此其具有完全的市场份额，标准必要专利权人相应具备完全的市场支配地位。另外，从关键设施理论来看，由于标准必要专利是保证经营者的商品或服务满足该项标准的唯一条件或通道，而受 FRAND 原则约束的标准必要专利又是公开开放的，因此从这个意义来讲，标准必要专利已然构成关键设施，标准必要专利权人可被推定具有市场支配地位。

综上所述，无论是采取传统的市场支配地位认定方法抑或是关键设施理论，都可得出标准必要专利构成独立的相关市场，标准必要专利权人在相关市场上可推定具有市场支配地位。但标准必要专利权人具有市场支配地位本身并不对其禁令救济产生影响，判定禁令救济是否具有正当性的标准之一，便是看其是否进行市场支配地位的滥用。

三、标准必要专利禁令救济构成市场支配地位滥用情形

标准必要专利权人成为标准化组织的成员或者参与标准制定活动时，为了限制其利用标准必要专利实施专利劫持行为，标准化组织一般要求其按照组织内的

知识产权政策，进行相应的声明或承诺，其中就包括 FRAND 承诺，即在双方的许可费率等许可条件满足 FRAND 原则的条件下，应当作出专利的实施许可。因此，在标准实施者提出标准必要专利许可要约时，或者标准实施者通过行为默示提出许可要约时，标准必要专利权人应当基于其向标准化组织作出的 FRAND 承诺，与标准实施者磋商许可事宜。这就意味着当标准实施者提出要约或者使用标准必要专利时，标准必要专利权人应按照 FRAND 原则进行专利实施许可。

然而，标准必要专利权人作出的 FRAND 承诺并不意味着禁令救济的排除。如果标准实施者拒绝或怠于与标准必要专利权人就专利授权许可事项进行磋商，或者拒绝给付满足 FRAND 原则的专利许可费或者其他授权许可条件，而且继续实施标准必要专利，从而形成 FRAND 反向劫持，那么为了保护标准必要专利权人的合法权益，应当支持其禁令救济请求。

从上述分析可知，标准必要专利权人拥有禁令救济权是没有疑问的，但是禁令救济是否得以限制，取决于对专利实施许可谈判的双方具体磋商行为的具体分析。FRAND 承诺并非一项具体的、清晰的规则，其内涵相对比较宽泛，该项承诺的实现依赖于专利权人自愿接受对其专利权的限制。在每一次具体谈判中，FRAND 承诺都可成为判断双方行为的基准规则之一。因此，判断标准必要专利权禁令救济的使用是否属于滥用，应当以 FRAND 承诺为基础，具体分析标准必要专利许可谈判中双方的行为是否满足 FRAND 原则，是否符合诚信谈判。

2015 年 12 月，国家发改委价监局发布的《关于滥用知识产权的反垄断指南》(征求意见稿)中第三部分关于涉及知识产权的滥用市场支配地位的具体类型中规定禁令救济为滥用市场支配地位情形之一，且规定了禁令救济构成市场支配地位滥用的具体考量因素："(1)谈判双方在谈判过程中的行为表现及其体现出的真实意愿；(2)相关标准必要专利所负担的有关禁令救济的承诺；(3)谈判双方在谈判过程中所提出的许可条件；(4)申请禁令救济对许可谈判、相关市场及下游市场竞争和消费者利益的影响。"国务院反垄断委员会发布的《关于知识产权领域的反垄断指南》(2019)也采取上述考量因素。需要说明的是，当前，我国行政机构改革已经将国家发改委、商务部、原国家工商行政管理总局的反垄断执法职责与反垄断委员会办公室一并划入新设的市场监督管理总局之中，国家市场监督管理总局直属于国务院，因此日后相关反垄断执法统一由市场监督管理总局负责。

上述涉及知识产权滥用的相关反垄断执法指南，虽然总体上是从双方当事人的谈判过程规定禁令救济构成市场支配地位滥用的考量因素，但是不够具体，操作性不强。谈判过程往往是十分冗长与复杂的，因此判断标准必要专利权人的行为是否构成市场支配地位的滥用，还需要在具体谈判环节中予以具体分析。

第一种情形，标准必要专利权人在发现标准实施者存在侵权行为后，直接以侵权为由向法院提起诉讼。此种情况下，标准必要专利权人应当以其 FRAND 承诺为基础，向标准实施者发布专利侵权警告通知，告知其专利侵权的相关情况，同时向标准实施者提出专利实施许可的要约。如果标准必要专利权人没有向标准实施者发出侵权警告通知和要约，而直接提起禁令救济的，此种行为实际上剥夺了标准实施者信赖标准必要专利权人基于 FRAND 承诺而给与的实施许可谈判机会，也扭曲了标准的公益属性。径直寻求禁令的行为形式上是为了维护专利权人的合法权益，防止侵权行为所造成损害范围的进一步扩大，实质上会造成拒绝专利许可的效果，阻碍标准实施者进入相关市场，从而会导致排除、限制相关市场竞争的效果。虽然该项禁令救济请求名义上符合法律规定，但这是对标准必要专利权人 FRAND 许可承诺的实质性违背。

标准必要专利禁令救济具有双重限制——内在限制与外在限制，其中标准必要专利权的内在限制主要指标准必要专利权的权能限制；外在限制则指禁令救济权与其他权利或权益相冲突时，其他权利或权益对禁令救济权的限制，如竞争权益、消费者权益、社会公共利益等。标准必要专利权人向标准化组织作出 FRAND 许可声明时，便自愿接受了 FRAND 项下的专利实施许可限制与禁令救济限制。标准必要专利权人的行为不满足 FRAND 原则要求，而径直提起禁令诉讼的，对市场竞争造成严重危害时，将涉嫌滥用市场支配地位。

第二种情形，标准必要专利权人在发现侵权行为并向标准实施者发布专利侵权警告通知后，未及时向标准实施者发出专利实施许可要约，径直向法院提起禁令救济。按照标准必要专利权人向标准化组织所作出的 FRAND 承诺，其在承诺中声明承诺以 FRAND 条件许可他人实施其专利。因标准具有公属性，因此，在标准必要专利权人得知他人使用其专利时，应当主动向标准实施者提出专利实施许可要约，此项规则在欧洲法院审理"华为诉中兴案"中得以确立，后来被各国理论界与实务界所接受。因此标准必要专利权人在发布侵权警告后，未给予标准实施者谈判的机会，而径自提起禁令救济的行为，违背了其作出的 FRAND 承诺，具有了过错。而径直提起禁令救济的行为，实质上会造成标准实施者无法生产满足标准的商品或者服务，导致其无法进入相关市场参与竞争或者被排挤出相关市场，因此标准必要专利权人的行为属于滥用市场支配地位的行为。

第三种情形，标准必要专利权人在发现专利侵权行为后，向标准实施者发出了侵权警告函，并且提出了专利实施许可要约，但是标准实施者认为标准必要专利权人的要约不符合 FRAND 要求，而提出标准必要专利许可的反要约，并将其反要约所提及的许可费以及许可条件有关的销售数据、盈利数据以及许可费向第三方独立的机构予以提存，而标准必要专利权人拒绝反要约、向法院提起禁令救济。此种情形下，标准必要专利权人虽然在谈判的初期，诚实善意与标准实施者进行谈判，但是当其要约被标准实施者否决后，便通过禁令救济的方式拒绝与专利权人继续进行谈判。当标准必要专利权人无法证明其要约是否符合 FRAND 声明或者反要约不符合 FRAND 原则的情况下，标准实施者勤勉地将反要约中提及的许可费率与许可条件等数据予以提存，以便顺利达成谈判及确保下一步的专利实施许可合同的履行，具有善意；标准必要专利权人通过禁令救济的方式实质上会造成拒绝谈判或者胁迫标准实施者接受其要约条件的效果，不符合善意谈判的要求，因此具有过错。而且该行为会导致标准实施者必须接受标准必要专利权人的要求或者直接被拒绝使用标准必要专利，从而使其接受不合理的高价许可费或者不合理的授权许可条件，故标准必要专利权人的禁令救济申请属于滥用市场支配地位的行为。

第四种情形，标准必要专利权人在得知标准实施者实施其专利，在发送专利侵权警告函之余，也及时提出授权许可要约，双方也进行了专利许可谈判，但是在谈判中标准实施者要求保留其质疑专利的有效性、必要性等权利时，标准必要专利权人拒绝接受该项条件，并且向法院申请禁令救济。标准必要专利是否属于有效专利、其专利的必要性，属于推定状态，即专利经过专利管理部门的审查后，便具有推定有效的效力，但不意味着其必然实质有效，因此专利法设定了专利无效宣告制度予以限制，相关主体有权对专利的有效性提出质疑。标准必要专利的成立也仅采取专利权人自主声明，便推定为标准必要专利，但实质是否属于必要，也需要进一步审查，任何人可对标准必要专利的必要性提出质疑。因此，标准实施者对专利的有效性与必要性提出质疑的权利，是符合法律规定的，不应被剥夺。标准必要专利权人以禁令救济相威胁，要求标准实施者不得对专利有效性和必要性提出质疑，实质上是剥夺了标准实施者的合法权益，甚至可能使得标准实施者为非专利或者非标准必要专利支付许可费，这对于标准实施者是不公平的。标准必要专利权人的行为，剥夺了标准实施者的合法权益，强迫其接受不合法的条件，损害了市场竞争秩序和消费者的合法权益，属于滥用市场支配地位的行为。

综上所述，标准必要专利禁令救济是否构成市场支配地位滥用，可围绕"未通知侵权事宜径自提起禁令救济、未提出要约径自提起禁令救济、对标准实施者提出的反要约不满而直接提起禁令救济，以及强迫标准实施者放弃质疑标准必要专利的有效性与必要性而提起禁令救济"等具体情形，对专利实施许可谈判之中，双方当事人行为是否满足 FRAND 原则、是否诚信谈判、是否具有存在双向善意等加以判断。具体而言，可从是否发布侵权警告通知、是否提出要约、是否及时回复要约、是否积极参与谈判、许可费率以及其他许可条件是否符合 FRAND 原则、是否给予对方质疑专利有效性与必要性的权利等方面进行综合判断。

第三节 经营者集中时标准必要专利禁令救济的限制

经营者集中是指经营者之间进行合并、某一经营者通过收购股权或资产的方式取得其他经营者的控制权，或者经营者通过合同等方式取得其他经营者的控制权或对其他经营者能产生决定性影响。经营者集中达到国务院规定的申报标准时，应当向国务院有关部门进行经营者集中反垄断审查申报。

一、申报标准的界定

按照《国务院关于经营者集中申报标准的规定》《经营者集中申报办法》以及

商务部反垄断局《关于经营者集中申报的指导意见》的规定，满足规定条件的应当进行申报。① 经营者集中，应考虑参与集中的经营者的相关市场份额及其控制力、相关市场集中度、经营者集中对相关市场进入与技术进步的影响、对消费者与其他经营者的影响、对经济发展的影响以及其他对竞争产生影响等的因素。经营者集中可能产生排除或限制竞争效果的，国务院反垄断部门应作出禁止经营者集中的决定。但是，经营者可以举证证明其经营者集中对于竞争的促进效果大于其对竞争的抑制效果，或者对社会公共利益有利，国务院反垄断部门可以作出不予以禁止的决定。反垄断执法部门对于经营者集中作出不予以禁止决定的，可以在决定中附加减少集中对竞争产生的不利影响的限制条件。②

二、原则性限制——FRAND 承诺

反垄断执法部门对于经营者集中作出批准的决定的，可以在其决定中附加要求经营者集中不得对竞争产生不利影响的限制条件，而判断经营者集中对市场竞争的影响，既要考虑经营者集中后的市场结构，也要考量经营者集中后的市场行为，包括是否存在不合理提高价格、限制产量、分割市场等情形。标准与专利的结合会赋予专利权人强大的市场力量，而专利权人在市场竞争中又以利益最大化为目的，极易产生垄断行为，FRAND 原则在一定程度上缓解了标准必要专利对竞争可能带来的不利影响。与此同时，标准必要专利权人为了使得自己的专利能够在一定时间内于市场中维持高市场份额，也愿意忍受来自 FRAND 原则的限制。自此，FRAND 原则逐渐演化为标准必要专利领域的重要商业规则和法理依据。

标准必要专利权人进行经营者集中时，由于标准必要专利构成一个独立的相

---

① 参与集中的所有经营者上一会计年度在全球范围内的营业额合计超过 100 亿元人民币，并且其中至少两个经营者上一会计年度在中国境内的营业额均超过 4 亿元人民币；或者参与集中的所有经营者上一会计年度在中国境内的营业额合计超过 20 亿元人民币，并且其中至少两个经营者上一会计年度在中国境内的营业额均超过 4 亿元人民币。经营者集中具有下列情形，可以不向反垄断部门申报：参与集中的一个经营者拥有其他每个经营者百分之五十以上有表决权的股份或者资产的；或者参与集中的每个经营者百分之五十以上有表决权的股份或者资产被同一个未参与集中的经营者拥有的。营业额为经营者上一会计年度销售产品或者提供服务所取得的盈利收入，扣除相关税金和附加费用。参见曾晶：《经营者集中反垄断法规制的"控制"界定》，载《现代法学》2014 年第 2 期。

② 叶军：《经营者集中法律界定模式研究》，载《中国法学》2015 年第 5 期。

关市场，标准必要专利权人在相关市场中具有完全的市场支配地位，因此在涉及标准必要专利业务及资产的收购、并购时，会涉嫌利用标准的锁定效应和网络效应，实施专利劫持行为，从而出现排挤竞争对手、胁迫标准实施者接受不合理的许可条件和高额许可费等排除或限制竞争的情形。为了应对标准必要专利权人参与经营者集中对相关市场竞争的影响，防止排除或限制竞争的情况发生，反垄断执法部门在附加的限制条件中可以明确要求表明经营者集中后，应当恪守FRAND 承诺进行专利授权许可，遵循既定的商业习惯。FRAND 承诺意味着经营者集中后，继受的标准必要专利权人原则上应当积极进行专利实施许可，在标准实施者意图实施标准时，经营者应当善意告知侵权事项，并积极向标准实施者表明专利实施许可的意愿和提出符合 FRAND 承诺的要约，与标准实施者善意进行协商。标准必要专利权人作出的 FRAND 承诺，可对经营者集中过程中相关行为加以约束，限制其不得对市场竞争产生阻碍效果。①

三、行为性限制——标准必要专利的共享

标准必要专利本身独立构成一个相关市场，因此标准必要专利权人在相关市场拥有完全的市场支配地位。一旦一个经营者在相关市场拥有市场支配地位后，他可以将其市场支配力量向上下游市场进行延伸，从而导致上游的专利市场和下游专利衍生品的市场均受其影响。一般来说，标准必要专利权人从事经营者集中行为时，由于标准必要专利会赋予参与集中的经营者强大的市场力量，因此导致原非标准必要专利的所有人也会由于经营者集中从而拥有或增强市场支配力量，使得潜在的竞争对手无法具备有效的抗衡力量与其进行竞争，导致相关技术市场的创新研发投入能力下降与下游市场生产成本费用的提高，最终这部分费用会传导至消费者身上，损害消费者利益。

虽然标准必要专利权人参与经营者集中有妨碍竞争秩序之虞，但是标准必要专利权人参与经营者集中并非都会被反垄断执法部门予以禁止。因为其集中行为可能会产生强强联合效果，彼此之间技术也可以实现优势互补，从而有利于节约成本和提高经济效率。标准必要专利权人参与的经营者集中，如果能够对技术创

---

① 袁嘉、王圣宇：《FRAND 原则在标准必要专利纠纷案中的适用结合华为诉 IDC 案进行分析》，载《竞争政策研究》2015 年第 3 期。

新的发展与市场经济发展有所裨益，那么反垄断执法部门在对标准必要专利权人参与经营者集中的申请进行审查时，便需要将其对社会经济的有利影响与不利影响加以比较。只有反垄断执法部门认为其参与经营者集中行为对技术创新、消费者利益保护、成本节约等方面有所助益，且产生的助益效果超过了不利影响，才可能批准其经营者集中申请。不过反垄断执法机构在不予禁止决定中仍可附加限制条件对集中可能产生的排除或限制竞争的行为进行约束，要求经营者允许标准必要专利的共享。即在经营者集中批准后，参与集中的行为人应当承诺允许其他现有的和潜在的标准实施者实施其标准必要专利，允许将其标准必要专利进行共享。这就意味着其不得无正当理由拒绝其他标准实施者的专利实施许可，并且不得授予其他标准实施者排他性的许可，而只能采取普通许可的方式实施许可。

四、禁止性限制——不得滥用禁令救济

由于标准必要专利权人参与经营者集中，会将基于标准必要专利所形成的市场力量传导至其他参与集中的经营者，从而使得其他经营者也拥有了市场支配力量。在标准必要专利权人参与经营者集中的审查被反垄断执法机构批准后，反垄断执法机构可以要求参与集中的经营者承诺放弃寻求针对标准实施者的禁令救济或者限制其禁令救济行为的行使。反垄断执法机构可以在经营者集中的批准决定中，附加不得滥用禁令的条件限制，也即标准实施者未经标准必要专利权人许可而实施其专利时，不得寻求禁令救济或只有在标准实施者存在怠于谈判等情形方才可寻求禁令救济。禁止性条件的限制可保证标准得以在相关市场和行业广泛推广，确保标准实施者在相关市场能够公平和合理参与市场竞争。

五、案例分析：微软收购诺基亚设备和服务业务案、诺基亚收购阿尔卡特朗讯股权案

"微软收购诺基亚设备和服务业务案""诺基亚收购阿尔卡特朗讯股权案"作为标准必要专利权人参与经营者集中的典型案例，对于经营者集中时禁令救济的限制具有重要的启示意义。

在"微软收购诺基亚设备和服务业务案"中，2013年9月，微软公司协同诺基亚公司将微软收购诺基亚设备和服务业务的经营者集中事项向我国商务部反垄

断执法部门进行反垄断申报。经过多轮资料的补充和审查后，商务部认为其申报资料符合《反垄断法》第 23 条（2022 年修订后的现行《反垄断法》为第 28 条）的要求，开始对该项经营者集中申报予以审查。在征求了相关政府机构、专家学者、行业协会以及相关市场企业的意见后，商务部对其该项集中涉及的市场界定、市场结构的认定、经营者集中对行业和消费者利益的影响进行了分析。① 商务部首先对微软和诺基亚此项经营者集中涉及的相关商品市场进行了分析，具体包括智能手机市场、移动智能终端操作系统、移动智能终端相关专利许可市场。经过分析，商务部认为智能手机市场与移动智能终端操作系统均可视为独立的相关产品市场；移动智能终端相关专利许可市场，又可分为通信技术标准必要专利许可以及微软安卓项目许可两方面，这两方面均构成独立的相关市场。其次，对该项经营者集中的相关地域市场进行了分析。通过考量中国智能手机市场、移动终端操作系统市场以及移动智能终端相关专利许可市场的特殊性，经分析得出，相关地域市场应为中国市场。

基于上述相关市场界定，执法机构对该项经营者集中的竞争效果进行评估后得出以下结论：第一，微软的移动智能操作系统与诺基亚的智能手机之间存在纵向关联，难以排除、限制竞争。第二，微软可能利用其安卓项目许可排除或限制中国智能手机市场竞争，因为微软已经在上游专利市场具有支配地位和控制力，本项集中会促使其在下游智能手机市场从事排除或限制竞争的行为，且通过本项集中，可构建技术壁垒，阻碍竞争的进入。第三，本项集中可能会导致诺基亚滥用专利问题，如诺基亚本身拥有大量移动通信标准必要专利，本项集中进一步强化其市场力量，因此增加了诺基亚依赖专利盈利的动机，导致潜在的被许可人不具备竞争抗衡能力，诺基亚可通过标准必要专利形成技术壁垒阻止其他竞争者进入市场，从而改变中国智能手机市场的竞争格局，可能会产生滥用专利权，拒绝许可、提高许可费或进行歧视性许可等风险，损害消费者利益。商务部经审查认为，该项经营者集中可能会对我国智能手机市场竞争产生阻碍，对消费者利益产生损害。但是微软与诺基亚分别向商务部承诺不会采取排除或限制竞争的行为，

---

① 参见商务部反垄断局：《商务部公告 2014 年第 24 号　关于附加限制性条件批准微软收购诺基亚设备和服务业务案经营者集中反垄断审查决定的公告》，http://www.mofcom.gov.cn/article/b/e/201404/20140400542508.shtml，访问日期：2018 年 5 月 4 日。

因此商务部在批准集中的同时，也附加了相应的限制性条件。①

在"诺基亚收购阿尔卡特朗讯股权案"中，2015 年 4 月，诺基亚和阿尔卡特朗讯达成收购协议，约定在美国与法国进行公开的要约收购并完成二者集中，此次涉及的经营者集中金额大约为 1200 亿元人民币。商务部依照反垄断法律法规对此项经营者集中进行了反垄断审查。其中着重分析了此次经营者集中对无线网络接入设备、核心网络系统设备、网络基础设施服务市场的影响，并基于此次集中对市场的影响，分析诺基亚持有的通信标准必要专利可能引起的反垄断问题。② 经审查，商务部认为，诺基亚和阿尔卡特朗讯均属于国际标准制定组织的成员，均参与制订了现行多项主要的通信领域的标准，包括 2G 标准、3G 标准、4G 标准。二者实施集中后，将会导致诺基亚将在 2G、3G 通信标准必要专利许可市场的市场份额急剧增加。也即诺基亚在 2G、3G 通信标准必要专利许可市场的专利占比将从 25%～35% 上升到 35%～45%；在 4G 通信标准必要专利许可市场持有的比例将会攀升至第一。可见，此次经营者集中，会极大增强诺基亚在 2G、3G 和 4G 标准必要专利许可市场的市场份额。但是由于我国在该领域发展较晚，当时我国企业专利数量与质量无法与诺基亚匹敌，因此我国市场上大部分无线通信网络设备和移动终端制造企业在标准必要专利许可市场上，并不具备与诺基亚进行竞争的能力，进而会导致我国企业在与诺基亚基于通信领域标准必要专利许可谈判中，缺乏有效的谈判手段和抗衡资本。诺基亚极有可能利用市场支配地位，借机提高许可费率、进行专利拒绝许可或者附加不合理的许可条件，导致我国移动终端制造市场和无线通信网络设备制造市场竞争秩序遭到破坏。为了防止本次集中对市场竞争所造成的不良影响，商务部与参与本次集中的两家企业进行了多次协商谈判，最终以商务部批准此次集中，但在批准决定中附加限制性条件

---

①　也即(1)双方在经营者集中后，都应当继续秉持其向标准制定组织作出的 FRAND 承诺，并基于 FRAND 原则实施许可标准必要专利。(2)双方不得就本项集中涉及的标准必要专利，向中国境内智能手机制造企业所制造的智能手机寻求禁令救济。(3)在本项集中涉及的必要专利，不得要求被许可人应将其专利进行反向许可，但被许可人拥有同一行业标准必要专利除外。(4)未来将标准必要专利转让给新的所有人时，微软与诺基亚双方仅能在新所有人同意上述条件的前提下方可进行转让。

②　参见商务部反垄断局：《商务部公告 2015 年第 44 号　关于附加限制性条件批准诺基亚收购阿尔卡特朗讯股权案经营者集中反垄断审查决定的公告》，http://fldj.mofcom.gov.cn/article/ztxx/201510/20151001139743.shtml，访问日期：2018 年 5 月 11 日。

而终结案件。在限制条件中，商务部要求：（1）诺基亚承诺在日后的标准必要专利许可中，应当继续遵循其对标准化组织作出的 FRAND 承诺，以 FRAND 原则为基础进行标准必要专利许可；（2）诺基亚承诺对中国的无线网络接入设备、核心网络系统设备、网络基础设施服务市场的企业，放弃向法院寻求禁令救济的权利；（3）诺基亚在日后对本次集中所涉及的标准必要专利进行转让时，受让人须在同意诺基亚公司在本次限制条件中的承诺后，方可进行专利转让。（4）商务部将对上述能够减少"诺基亚基于经营者集中对市场竞争所产生的排除或限制效果"的措施实施情况进行监督与检查。

基于上述两个涉及标准必要专利经营者集中的案例，不难发现，反垄断执法机关在附加限制条件约束标准必要专利对竞争的排除或限制效果时，都会采取如下限制条件：（1）参与经营者集中的经营者应当承诺继续遵循其向标准化组织作出的 FRAND 许可承诺或声明，对潜在的标准实施者进行标准必要专利许可；（2）经营者应当承诺在其标准必要专利遭受侵犯时，限制或者放弃寻求禁令救济的权利；（3）经营者应当承诺在未来标准必要专利转让时，应当要求受让者同意以上限制条件方能实施转让；（4）商务部可以对上述限制条件的实施情况进行监督与检查。

第五章　司法裁量部分：标准必要专利禁令滥用的私权救济问题分析

一般来说，标准必要专利权是专利权发展的高级形态，具有私权属性，应受到专利法的保护。专利法赋予标准必要专利权人对其标准必要专利享有许可他人使用和拒绝他人使用的权利。他人未获得标准必要专利人的许可，擅自使用标准必要专利并据此制造商品或提供服务的，标准必要专利权人原则上有权要求擅自使用人或被控侵权人支付专利许可费或要求其停止侵权。

但是，标准必要专利权在普通的专利权之外又具有其特殊性。标准必要专利权是具有公共属性的标准与具有私权属性的专利权结合的产物。标准化组织在制定标准时，其基本目的之一就是保证标准的最优性、前沿性、普及性和安全性，只有这样方能保证标准对于社会公共利益起到促进作用。传统领域的标准在制定时，为了保证标准的普及性和安全性，一般在技术方案等部分会避开专利权，防止专利权的法定垄断性对标准的普及、推广造成困难。可是，随着科学技术的发展，某些高新领域的技术都已被申请为专利权，标准化组织在制定标准时，很难在避开专利权与保证标准技术方案最新性和最优性上取得平衡，因此专利纳入标准之中在所难免，标准必要专利应势而生。标准必要专利的性质，为公共利益与私权保护之间的冲突埋下了伏笔。尤其是标准的锁定效应和网络效应，有助于提升标准必要专利权人的专利在市场的占有率，提升标准必要专利的市场影响力和商誉，促进其盈利水平的提高。因此，专利权人自身有极大的动力将其专利纳入标准之中。标准化组织，为了保证标准的实施和推广，防止专利权人的垄断，保护公共利益，会在制定标准时，要求专利权人作出不可撤销的 FRAND 许可承诺，即"当许可费与许可条件满足 FRAND 原则之时，标准必要专利权人应向标准实施者进行专利实施许可"。①

因此，基于标准必要专利权的特殊性，标准必要专利所具有的禁止权以及禁令救济请求权等权能会受到一定程度的限制，不得随意行使。如果专利权人与标准实施者对于 FRAND 原则的许可费与许可条件等问题无法达成一致，尤其是在物联网（Internet of Things，IOT）技术及信息和通信技术（Information and Communication Technology，ICT）领域，标准实施者又受限于标准的网络效应和锁定效应不得不按照该标准进行生产或服务，从而使用专利权时，便产生了标准必要专利相关纠纷，其中主要包括标准必要专利许可费纠纷、标准必要专利禁令纠纷等。②

第一节　标准必要专利许可费争议之诉

标准必要专利权人在其专利纳入标准之时，就已向标准化组织作出过 FRAND 许可承诺。这意味着任何第三人（标准实施者）欲使用该标准时，一方面，标准实施者提出的许可费或许可条件要满足 FRAND 原则，标准必要专利权人不得无正当理由进行专利拒绝许可；另一方面，若标准实施者欲使用专利权，或者已按照标准生产商品或提供服务，标准必要专利权人提出的专利实施许可费或许可条件应满足 FRAND 原则。③ 如果标准实施者与标准必要专利权人双方就何为符合 FRAND 原则的许可费发生争议、僵持不下，是否可就该问题向法院提起诉讼，要求法院裁定许可费，便成为争议问题。首先，标准必要专利许可费争议，发生在双方当事人合同未签订的合同条款协商阶段，即尚未形成合法有效的专利实施许可合同，那么无法通过合同之诉来解决二者争议。其次，FRAND 许可承诺是标准必要专利权人自愿作出的承诺，其效力延及所有标准实施者，也即在许

---

① 罗娇：《论标准必要专利诉讼的"公平、合理、无歧视"许可——内涵、费率与适用》，载《法学家》2015 年第 3 期。

② 魏立舟：《标准必要专利情形下禁令救济的反垄断法规制——从"橘皮书标准"到"华为诉中兴"》，载《环球法律评论》2015 年第 6 期。

③ 赵启彬：《竞争法与专利法的交错：德国涉及标准必要专利侵权案件禁令救济规则演变研究》，载《竞争政策研究》2015 年第 2 期。

可费满足公平、合理、无歧视的条件下，标准必要专利权人都应当进行许可。[①]
换言之，只有标准实施者不愿意支付许可费且存在恶意拖延谈判进程等情形，其
专利权使用行为才可能被认定为专利侵权行为。那么当标准实施者与标准必要专
利权人就 FRAND 许可费争执不下，具体许可费尚未确定时，亦不能贸然认定其
为专利侵权行为，此时权利人也无法向法院提起侵权之诉，否则涉嫌违反
FRAND 承诺或滥用市场支配地位。既然标准必要专利许可费争议既不属于合同
之诉中的给付之诉，也不属于侵权之诉的确认之诉，如何确定争议的法律性质、
明晰具体的诉讼类型，应结合具体案情加以分析判断。

如前所述，在标准实施过程中，存在着"（1）标准实施者先实施标准→权利
人认为构成专利侵权→双方专利许可谈判（失败）→权利人寻求禁令救济"、（2）
"标准实施者未实施标准→专利许可谈判（失败）→标准实施者实施标准→权利人
认为构成专利侵权→权利人禁令救济"以及（3）"各方边谈判、边实施标准、边寻
求禁令救济"等不同情形。在这些情形当中，许可费的确定对双方许可谈判具有
决定性影响。由于禁令是索取高额许可费的重要手段，在司法层面提供基于
FRAND 原则的许可费争议解决途径，设定专利实施许可谈判底线和预期，确定
标准必要专利禁令滥用的基本标准，可促进双方尽快达成许可谈判，防止禁令滥
用现象的发生。

一、标准必要专利许可费争议的可诉性分析

虽然标准化组织在其制定标准之时，责成纳入标准的专利权人作出了
FRAND 许可承诺或声明，但是通观世界各国及地区相关领域的各种类型标准化
组织，如国际电信联盟（ITU）、欧洲标准化委员会（CEN）、欧洲电工标准化委员
会（CENELEC）、欧洲电信标准学会（ETSI）等，在标准必要专利权人不履行
FRAND 许可承诺义务的情况下，应采取何种的必要措施确保其履行该义务，在
标准化组织知识产权政策中均未明确规定。[②] 这意味着，当标准必要专利权人违

[①]　祝建军：《标准必要专利使用费条款：保密抑或公开——华为诉 IDC 标准必要专利案
引发的思考》，载《知识产权》2015 年第 5 期。

[②]　叶若思等：《标准必要专利使用费纠纷中 FRAND 规则的司法适用　评华为公司诉美
国 IDC 公司标准必要专利使用费纠纷案》，载《电子知识产权》2013 年第 4 期。

反了其向标准化组织作出的 FRAND 许可承诺时，标准实施者无法向该标准化组织进行控诉以及寻求相应的保护。虽然标准必要专利权人负有 FRAND 许可义务，但是由于专利许可的情形千差万别，专利许可的对象各有不同，专利许可地域殊异有别，因此标准必要专利权人所负担的 FRAND 许可义务在个案中也不尽相同，许可费率和许可条件难以统一化。所以，标准化组织很难在千差万别的个案中一一判断标准必要专利权人的许可费主张是否符合 FRAND 原则，因为这将耗费极高的成本，与标准化组织设定标准的宗旨背道而驰。

由于标准的网络效应和锁定效应，标准实施者如欲进入市场并参与市场竞争，在某些情形下使用标准必要专利不可避免，此种情况导致相关市场成为卖方市场。标准实施者为了能够顺利使用标准制造商品或提供服务，使其商品或服务得以进入相关市场参与竞争，通常都是积极寻求标准必要专利的授权许可；并且为了降低成本，提升市场竞争力，标准实施者会极力主张标准必要专利许可费应符合 FRAND 原则。[①] 但是，这却与标准必要专利权人的利益最大化目标相矛盾。因为标准必要专利权人在专利权研发阶段投入了大量的时间、人力与物力，在专利权被授予后，接下来便是实施"偿还战略"和"额外收益"战略，实现利益最大化，标准实施者的 FRAND 许可要求不符合其利益最大化目的。[②] 标准必要专利权人与标准实施者在标准必要专利许可谈判时，欲达成标准必要专利许可协议，一般需历经漫长时间的磋商，但即便是持续地、长时间地磋商，也经常出现难以达成有效协议的情形。因为协商后的标准必要专利许可费，需要既能满足标准必要专利权人的利益最大化目标，又能一定程度上满足标准实施者的利益需求，着实比较困难，故不乏无法达成许可协议的情况。在双方谈判陷入僵局之时，为了能够顺利使用标准必要专利进而生产商品或提供服务，而不用支付过高的许可费，同时免除潜在的专利侵权风险，标准实施者便转向请求司法机关介入纠纷，并确定符合 FRAND 原则的许可费，以便双方签订授权许可协议。[③] 标准必要专利权人与标准实施者双方对于未来专利授权许可协议之条款的分歧，在本质上属

[①] 丁亚琦：《论我国标准必要专利禁令救济反垄断的法律规制》，载《政治与法律》2017年第 2 期。

[②] 刘继峰：《反垄断法》，中国政法大学出版社 2012 年版，第 187 页。

[③] 徐家力：《标准必要专利许可费之争——以"高通诉魅族"案为切入点》，载《江苏社会科学》2018 年第 1 期。

于谈判中的相关商业条款的争议，是市场双方当事人之间意思自治的内容，在双方僵持不下时，可由司法机关居中予以裁判。

笔者认为标准必要专利许可费纠纷具有可诉性。一方面，就标准的公属性和社会公共商品的供给关系来说，标准必要专利许可费纠纷不应当任由双方当事人在意思自治框架下进行处理。标准具有公共属性，关涉社会公共商品的供给，标准必要专利事实上在一定程度上控制社会公共商品的供给，而其控制手段之一便是通过主张过高的许可费或者拖延许可费谈判进程等方式实现。如果任由双方当事人进行许可谈判，在完全的意思自治前提下进行协商，会导致许可费谈判久拖不决，或者标准实施者支付了不合理的过高许可费，导致社会公共商品供给的成本增加，而这部分成本最终转移给消费者和整个社会予以承担，从而严重损害了社会公共利益，因此便需要公权力对意思自治加以必要的限制。

另一方面，就标准必要专利权人与标准实施者之间的市场地位和谈判力量对比来说，标准必要专利许可费应具备可诉性。标准的网络效应和锁定效应，使得标准实施者在从事相关市场生产或服务时，技术上无法绕开或者虽有替代技术但是转换成本过高而不得不使用该标准必要专利。同时，专利权又是法律赋予权利人的法定垄断权，专利权人本具有较强的市场力量，标准与专利的结合使得专利权人的市场力量进一步增强，市场议价能力进一步提升。标准实施者与标准必要专利人市场地位的不平衡，议价能力的差距悬殊，使得标准实施者在协商时已然处于弱势地位，加之标准化组织的知识产权政策又如此宽松且不具备约束力，导致标准必要专利授权许可谈判对于标准实施者来说更加举步维艰。如果就标准必要专利许可费的确定发生争议，特别是标准必要专利权人的行为违反 FRAND 许可承诺义务时，如标准实施者无法向法院寻求法律救济，那么标准实施者在市场中便成了待宰的"羔羊"，只能单方面接受标准必要专利权人提出的许可费等条件，没有任何谈判回旋的余地，这与追求公平的现代法治理念相违背。另外，标准实施者承受的额外成本和损害，还是会转移到消费者身上，最终损害消费者利益等社会公共利益。而标准必要专利人则通过标准的公共属性，不正当地攫取了本应当属于社会公共利益范围的那部分利益，这对于市场竞争秩序和经济社会发展而言都极为不利。因此，为了平衡二者之间的关系和保护社会公共利益，应当将标准必要专利许可费纠纷纳入司法裁判可受理的范围之内。

二、标准必要专利许可费(率)的影响因素

由于标准必要专利权人向标准化组织作出了 FRAND 许可的承诺，因此在确定标准必要专利许可费时，一般需要在 FRAND 原则下进行判断。但是 FRAND 原则是一个内涵十分模糊的原则，并不能作为指引判断标准必要专利许可费的具体考量因素。① 一般来说，标准必要专利许可情形千差万别，许可条件更是多种多样，因此最终形成的标准必要专利许可费情形也会不尽相同。

依据专利许可的方式、时间以及范围等条件对专利费所产生的影响，可将标准必要专利许可费的影响因素归纳如下：(1)专利许可的方式，如独占许可方式、排他许可方式抑或普通许可方式。由于独占许可方式、排他许可方式只能限定特定的主体使用该专利，考虑到标准必要专利的公共属性，标准必要专利的许可方式只能为普通许可形式。(2)专利许可的地域范围，也即标准必要专利权人授权标准实施者使用专利的地域范围，是仅限于一国之内还是部分国家区域，抑或国际范围。由于各个国家或地区的经济发展水平和法律制度的不同，专利许可地域范围的差异也会导致专利许可费高低有别。(3)专利许可的商品或服务种类，专利授权许可的商品或者服务种类越多，专利许可使用费也应当越高。(4)专利许可的时间，专利许可的期限不同，专利授权许可费就不一样，一般专利授权许可使用的时间越长，专利许可费越高。② 但专利许可的期限不得高于专利的有效期限。(5)专利的期限，这是指专利本身的保护期限，专利的保护期限剩余越长，专利许可费越高。专利的价值受时间影响较大，同一份专利在不同的时间节点，其价值可能也会相差甚远；在不同的领域，专利的平均寿命或生存期也具有较大差异。总体来看，在技术的不同生命周期，专利的价值也具有较大差异。(6)专利本身的市场价值对于标准必要专利的贡献，因为一个标准中可能涉及很多技术方案，多个技术方案综合在一起方能发挥标准的作用，专利许可费不可避免地剥夺了其他专利等技术方案对于标准的贡献，其专利许可费应当限制在其贡

---

① 史少华：《标准必要专利诉讼引发的思考 FRAND 原则与禁令》，载《电子知识产权》2014 年第 1 期。

② 李剑：《标准必要专利许可费确认与事后之明偏见 反思华为诉 IDC 案》，载《中外法学》2017 年第 1 期。

献范围之内;① 值得关注的是，由于新技术、新标准的出现和发展，新的技术标准体系将会替代原有技术标准体系，专利技术所在标准的地位将会不断受到威胁和挑战，该专利的价值可能也会不复存在。② (7)使用专利的商品或服务的利润，主要指通过使用该标准必要专利生产的商品或服务所产生的利润，来确定专利的许可费，专利使用费不得超过商品的合理利润。(8)专利的历史许可信息，这是指该专利历史上授权许可他人使用的许可费信息，可以作为当前授权许可费的参考，对最终的许可费的确定也会产生一定影响。(9)专利池许可信息，主要指专利如果存在于某一个专利池中，那么该专利池历史许可信息，亦可作为专利许可费确定的参考因素，从而对专利许可费最终确定产生影响。(10)是否存在交叉许可等情形，这是指专利许可时，标准实施者也拥有专利权，该专利权也可能为标准必要专利权人所需要，通过交叉许可方式可抵消或折抵双方应支付的许可费，故交叉许可也会对许可费产生影响。③

三、法院确定标准必要专利许可费(率)的方法

标准必要专利许可费纠纷进入司法裁判环节后，法院在裁判标准必要专利许可费问题时，由于影响许可费的因素很多，具体个案的情况又呈现各有差别的样态，因此无法提出一个放之四海而皆准的具体许可费率，标准必要专利许可费的确定，成为困扰各国司法实践的一个难题。各国法院在具体审理相关的标准必要专利许可费纠纷案件时，运用的方法不尽相同。如中国、美国以及欧盟法院审理的确定标准必要专利 FRAND 许可费的案件不乏其例，但是各国也并未形成一套通用的计算方法，总体来说还是处于摸索和借鉴阶段。

标准是由一系列技术组成的集合体，纳入的专利往往较为庞杂，而专利是否为标准必要专利取决于专利权人的自行主动声明，并不存在一个成熟的验证机制。因此，标准必要专利的质量及对整体标准的贡献率无法得以有效评估。另

① 杨东勤：《确定 FRAND 承诺下标准必要专利许可费费率的原则和方法——基于美国法院的几个经典案例》，载《知识产权》2016 年第 2 期。

② 舒辉、刘芸：《基于标准生命周期的技术标准中专利许可问题的研究》，载《江西财经大学学报》2014 年第 5 期。

③ 张吉豫：《标准必要专利"合理无歧视"许可费计算的原则与方法——美国"Microsoft Corp. v. Motorola Inc."案的启示》，载《知识产权》2013 年第 8 期。另

外，当一项商品或服务使用标准后，其产生的利润中多大比例归属于某一标准必要专利很难计算，更何况存在利润还须在多个标准必要专利人间进行合理分配的问题，因此，用简便、单一方法计算 FRAND 许可费并不现实。

目前域外国家法院在确定 FRAND 原则的许可费率时，一般采取如下方法：首先，通过一个假设性的虚拟许可谈判考量 FRAND 许可条件下双方的许可费计算基础；其次，确定一个标准必要专利许可费的最低基础和最高基础，即合理专利许可费区间；最后，在综合考虑各种标准必要专利许可费影响因素的基础上，在最低基础和最高基础确定的范围内对该许可费进行个案的考量，考量调整后的许可费即为符合 FRAND 原则的许可费。[1] 下文将以域外国家法院的司法实践为基础，按照上述计算方法进行分析。

（一）标准必要专利 FRAND 许可费虚拟许可谈判模式

标准必要专利 FRAND 许可费虚拟许可谈判模式，是指假设双方当事人在信息对称的情况下，经过谈判协商后，可能达成的符合 FRAND 原则的许可费的假设性谈判模式。虚拟许可谈判模式下，双方的历史许可信息以及专利池历史许可信息，专利的研发费用、时间，第三方评估机构的评估报告，专利许可第三方的许可信息等涉及许可费计算的信息都应当予以考虑。虚拟许可谈判模式是标准必要专利许可费计算的原始基础下形成的前提条件，依赖于各项原始数据信息的准确。

（二）合理选择许可费计算的基础因素——"整机估价法"的检视

目前，由于商品或服务越来越多元化，提供的功能也越来越复杂，一项商品或服务中涉及的构成功能单元可能成百上千。当一项标准必要专利的权利范围覆盖了整件商品或服务时，那么以整件商品的价格或者利润为基础计算该标准必要专利许可费，存在着合理性，即以该整体商品利润乘以一定比例的许可费率。但是当一项标准必要专利的权利范围仅能覆盖商品或服务的一个组成单元时，许可费仍然以整个商品或服务的价格或利润为计算基础便失去科学性。因为标准必要专利影响的是该组成单元的利润，其对整体商品利润的影响相对较小。因此。在

---

[1]　张平：《涉及技术标准 FRAND 专利许可费率的计算》，载《人民司法》2014 年第 4 期。

计算许可费时，应按照该专利对组成单元的利润贡献率影响进行计算，而不能以其对整体商品利润的贡献影响为基础计算。标准必要专利权人所能获得的利润回报，应以该标准必要专利本身对相关商品或服务的贡献为基础，而不能以该技术标准对相关商品或服务的贡献为基础。在过去很长的一段时间内，美国等国家在标准必要专利许可费计算的司法实践中，并未根据标准必要专利对于商品或服务的贡献来区分计算基础，而是一贯地采取"整体商品价值估价法"，抑或称之为"整机估价法"。这就导致无论标准必要专利对于商品利润贡献如何，一概以整机利润作为裁量基础，使得标准实施者难以承受专利许可费堆叠或叠加所造成的负担，从而失去了市场竞争力，整个市场竞争和创新进程受到抑制。①

随着标准必要专利司法实践经验的不断积累，以美国为代表的发达国家逐渐开始审视"整机估价法"规则的合理性。在 2009 年康奈尔大学与惠普公司侵权纠纷一案中，美国联邦巡回法院便认为，地区法院的判决过度夸大专利对于整个商品利润的增益效果，专利仅对于该服务器中的部分元件的功能实现产生重大影响，但是对于整体服务器的功能实现与利润的贡献率与其对于组成元件的贡献不可相提并论。因此，联邦巡回法院判决专利许可费的计算基础应当从整个服务器的价格或利润，缩小为包含该专利技术的最小可销售组成部分单元，将地区法院判决中要求被告承担的 1 亿多美元许可费减少至 5 千万美元左右。据此，在专利许可费计算方法上，美国法院确立了"整机估价法"与"最小销售单元估价法"两种许可费计算基础并存适用的规则。②

对于"整机估价法"是否合理，可以智能手机领域的相关案件为例加以求证。智能手机的功能模块复杂多样，包括显示系统、基带通信、CPU、电池、操作系统以及存储设备等功能模块，每一个模块都是由众多专利技术集成实现其整体功能效果的，其中每一项技术对于实现整体功能都不可或缺，但是仍存在对于整体功能实现至关重要的关键技术，该技术对于整体功能实现贡献最大。基带通信标准必要专利权人在与手机制造商谈判时，往往主张将手机的整机利润或者价格作为许可费的计算基础，不允许手机制造者质疑其计算方法，否则认为其不愿意谈

---

① 任天一、石巍：《FRAND 许可的经济分析及争端解决机制探究》，载《科技与法律》2017 年第 1 期。

② 李扬、刘影：《FRAND 标准必要专利许可使用费的计算——以中美相关案件比较为视角》，载《科技与法律》2014 年第 5 期。

判而拒绝授予许可，这对于手机制造商极为不公平。因为，消费者在购买一部智能手机时往往不再特别关注通信效果的增益，而更多关注的是该手机的运行流畅度、显示细腻度、拍照的效果、应用程序质量以及其他软件优化程度等，通信效果往往不是影响智能手机价格高低的最大因素，否则消费者购买 1000 元左右人民币的"三防手机"更能满足其基本通信需求时，又何必对 5000 元人民币以上的"苹果"手机趋之若鹜。在各个功能模块对于整个手机的利润或者价格的贡献能够进行区分时，如果仍将整个手机的利润或价格作为许可费的判断基础，实质上造成专利权人变向攫取了其他部分功能专利和技术对于整机的利润或价格的贡献，或者说专利权人向手机制造商攫取了不应当属于其的超额利润。

2015 年 2 月，国家发改委公布了对高通公司在中国市场上反垄断调查的处罚结果，在处罚高通公司的几项理由中，其中一项便是高通公司在进行专利授权许可谈判中，要求中国企业所支付无线通信标准必要专利的专利许可费是以整机批发净销售价格作为计算基础的，实际上通过其市场支配地位攫取了超额利润，给市场竞争者带来了额外的成本负担。[①] 可见，标准必要专利许可费的计算不可过度强调标准必要专利对于整机利润或价格的影响，而一概将整机作为许可费计算的考量基础，将可能违背 FRAND 原则。但是，当一项商品或服务的各个组成部分难以分割成独立的可销售最小单元，或者技术上可以分割其可销售最小单元，但是对商品或服务利润的增益贡献难以确定时，将整体商品或服务的价格或利润作为计算基础，也不乏为可行路径，不过在许可费的最终确定时，应当更为审慎地调整其具体许可费率。

(三)合理专利许可费计算的选定区间

在虚拟标准必要专利权人与标准实施者遵循 FRAND 原则进行谈判时，根据个案中基于使用标准必要专利所生产的商品或提供的服务，需查明各个组成部分是否可以分割为独立的最小可销售单元存在，分别计算其合理的专利许可费起始区间。如果属于可以分割成独立最小可销售单元的商品或服务，那么其专利许可费以该独立的最小销售单元的价格或利润为计算基础，预估标准必要专利对于该

---

①　参见 21 世纪经济报道：《中国反垄断第一大案：高通认罚 60 亿》，http://it.sohu.com/20150211/n408913527.shtml，访问日期：2018 年 4 月 1 日。

独立最小销售单元的贡献，从而计算出一个最低专利许可费和一个最高的专利许可费，二者形成一个专利许可费区间，该区间为合理专利许可费的选定区间。如果属于各个组成部分不可分割的商品或服务，那么其专利许可费应当以整个商品或服务的价格或利润为计算基础，预估该标准必要专利对于整体商品或服务的价格或利润的贡献，从而确定一个最低专利许可费和一个最高专利许可费，二者形成合理的专利许可费选定区间。此种选定区间内的专利许可费，或者许可费率都是符合 FRAND 原则的，此种方法也称之为 TOP-DOWN 选值法。[1] 即便如此，最低许可费与最高许可费的确定仍会存在一定困难。一般可进一步按照标准必要专利的历史许可信息，包括其处于专利池时的历史许可信息来进行确定。

首先，评价该项标准必要专利历史许可信息对许可费选定区间的影响。如果标准必要专利权人在市场上已经存在该项专利许可授权记录，那么该项专利授权许可的许可费率便可以作为确定此次标准必要专利许可费区间的参照。假设专利授权实施许可的商品或服务相同，即使分属不同的标准实施者，那么也应当在专利许可费方面给予同样的待遇，否则有违 FRAND 原则之嫌。该项专利许可费授权许可的案例数量应当是越多越好，数量越多，专利许可费历史信息作为参照的价值越大，多数量许可授权案例方能更好验证该项许可费是否符合市场价值，也可以为许可费纠纷提供合理的评判依据。因此，标准必要专利权人应以专利许可费历史信息为依据，使法院确信其在专利许可费的磋商中，符合假设性协商的前提条件，并进行了基于 FRAND 原则的专利实施许可协商谈判。

其次，考察专利池历史许可信息对许可费选定区间的影响。部分专利权人会联合起来将各自的专利放入专利池中，集中对外进行许可，既可以减少许可谈判的成本，也可以减少部分专利权人个别谈判时因为谈判技巧或者市场力量不够造成的潜在损失。标准必要专利如果处于专利池中，存在有以专利池名义整体对外进行许可的历史，那么该项专利池许可历史信息中的专利许可费率可作为标准必要专利本次许可的参照。

综合来说，上述历史许可信息都是标准必要专利权人与标准实施者在标准必要专利许可费诉讼过程中，提供给法院用于证明其主张的预期许可费标准合理性

---

[1]　赵启彬：《标准必要专利合理许可费的司法确定问题研究》，载《知识产权》2017 年第 7 期。

的证据资料。

但是部分标准必要专利也会存在没有历史许可信息或者许可信息无法证明的情况，此种情况下标准必要专利许可费的区间确定，法院可参照类似专利技术对外许可时的许可费。不过此种类似专利技术的选择应当十分谨慎，需要考虑类似专利技术的技术效果、历史许可时的授权范围、许可方式、许可条件等是否类似。只有当类似专利技术在技术效果等方面与讼争标准必要专利极为相似时，方能被法院确定为可参照的类似专利技术历史许可信息。① 不过应当注意，标准必要专利历史许可信息以及类似专利技术的许可费历史信息，与具体个案中标准必要专利许可费情形很难在各项条件上一一对应，或是许可条件不同，或是专利技术实现效果存在差异，抑或是存在交叉许可情形，从而导致将这些历史专利许可信息作为参照时，存在一定局限。因此，在标准必要专利许可费选定区间最终确定上，法院可以依照双方当事人提供的许可费标准，以及类似专利技术许可费历史信息，并结合法院聘请的鉴定人或者委托的第三方知识产权评估机构的评估意见，综合确定符合 FRAND 原则的许可费选定区间。

(四)专利许可费的部分调整修正

在专利实施许可时，专利权人应依据其在专利研发过程中投入的智力、时间以及其他投入，确定合理的专利许可费。合理的专利许可费是一个较为抽象的概念，"合理"的标准如何确定比较困难。鉴于专利权的设立目的之一在于激励权利人进一步进行创新，专利权人在收回研发成本之后还可获得额外激励收益合理合法。在假设协商基础上，对标准必要专利许可费选定区间应进行进一步调整修正，而调整修正的依据便是法院在确定合理专利许可费时应当考虑的因素。

目前，美国法院通过司法判例形成了判断合理许可费的一系列考量因素，其中最为重要的是 1970 年 Georgia-Pacific 公司诉美国胶合板集团案确定的专利侵权诉讼赔偿考量因素，被称为专利许可费赔偿的"钻石标准"。Georgia-Pacific 判断标准包含 15 项具体考量因素，包括：(1)专利权人历史专利许可费的相关证据。(2)专利被许可人在类似专利技术方面支付的专利许可费信息。(3)专利许可的

---

① 林秀芹、刘禹：《标准必要专利的反垄断规制——兼与欧美实践经验对话》，载《知识产权》2015 年第 12 期。

性质与范围。(4)专利权人专利布局策略与销售策略。(5)专利权人与专利被许可人彼此的关系,如横向竞争关系抑或上下游企业关系等;专利许可的条件,如搭售等。(6)专利对于被许可人的贡献。(7)专利权的保护期限。(8)专利技术的市场影响,如市场接受程度和普及度等。(9)专利技术与其他技术的比较优势。(10)专利的技术性质、专利权人自身实施的商业实现特征,以及其他实施者获益。(11)侵权使用程度以及侵权使用的价值。(12)专利技术在特定或类似行业产品利润或售价中的惯常占比。(13)专利技术在产品中实现利润贡献比。(14)第三方鉴定机构提供的意见,专利本身产生的价值。(15)专利权人与专利许可人在侵权伊始时,若双方均持合理、自愿态度所可能达成的许可费率。

Georgia-Pacific 案创制考量因素虽然对于专利许可费的判断助益明显,但是并非不存在瑕疵。如考量专利技术与其他技术的比较优势,实践中很难操作,因此每一个案需要具体选择相关的考量因素,并非 15 项因素都一并考虑。① 目前各国法院在 Georgia-Pacific 基础上,在确定符合 FRAND 原则的标准必要专利许可费时,基本认可以下考量因素:标准必要专利的许可数量;标准必要专利的质量;标准必要专利的研发投入;标准必要专利的许可费仅能是该项专利本身的价值,而不能包括纳入标准带来的增益;标准必要专利的许可费占标准中所有专利的许可费总和的比例,且该项比例应有上限;标准必要专利的地域范围等。基于上述因素,对虚拟标准必要专利许可谈判形成的许可费选定区间进行调整,最终形成应当支付的标准必要专利的许可费数额或费率。

四、"标准必要专利许可费纠纷"典型案例

近年来,涉及标准必要专利许可费的纠纷主要有"华为诉 IDC 垄断案""苹果与三星专利纠纷案""无线星球与华为纠纷案""华为诉康文森案"等,在具体司法实践中,所使用的许可费计算方法主要包括"可比协议法"和"自上而下法"。"可比协议法"主要指根据历史许可记录确定或适配相应的许可标准或参考系,然而基于专利类型、议价能力、专利之间的关联性、许可对象、所处地域、许可条件、专利权利状态等多种因素影响,"相似许可比较法"往往不具有客观性和说

---

① 张吉豫:《标准必要专利"合理无歧视"许可费计算的原则与方法——美国"Microsoft Corp. v. Motorola Inc."案的启示》,载《知识产权》2013 年第 8 期。

服力。"自上而下法"主要指先确定特定国家整个行业为某一特定标准所有标准必要专利所支付的总的许可费率，在此基础上，专利权人拥有该特定标准的标准必要专利数量占全部标准必要专利数量的比例分配总的许可费率，此外，还会根据专利的重要性、稳定性、地域差异等因素确定相应的影响或修正因子。

"华为诉 IDC 垄断案"[1]是我国标准必要专利第一案(后文亦会详细论述)，本节重点讨论其所牵涉的标准必要专利许可费争议问题。案情大致为：IDC 公司在双方谈判过程中向美国法院提起侵权之诉并申请禁令救济，华为公司认为 IDC 公司构成垄断行为，遂向深圳市中级人民法院提起诉讼。华为公司认为 IDC 公司提出的授权许可条件之中许可费要求太高，而在同样的情形下许可给三星、苹果的条件更为优惠，构成了歧视性许可。"华为诉 IDC 案"中，法院除了对标准必要专利禁令救济行为是否构成垄断问题进行了判定外，还首次适用 FRAND 原则对标准必要专利使用费问题进行了裁判。原审法院主要采取"可比协议法"来计算标准必要专利许可费率，也即就 IDC 对其他公司一次性收取的专利许可费直接折算成按实际销售量收取的专利许可费率，从而与华为公司进行比对。二审法院认为，在 IDC 公司不提交相关专利许可使用合同、不愿披露其对其他公司按许可费率收取的情况下，根据 IDC 公司年报披露的内容、其他被许可人的销售收入和其他情况，推算出专利许可费率，进而将该许可费率与 IDC 公司拟对华为公司收取的专利许可费率予以比对来判断是否存在过高定价未尝不可。华为诉 IDC 案中，法院通过选择可比较的交易所形成的许可费基准，来推导争议交易所应当确定的许可费在方法上本身具有合理性。[2] 但也有学者认为，该案一审、二审判决并没有考察在 WCDMA、CDMA2000、TD—SCDMA 等标准内含有的标准必要专利数量及属于中国标准必要专利部分，在这些标准必要专利中，究竟又有多少属于美国 IDC 公司所有，且没有考察美国 IDC 公司的中国标准必要专利对于相关具体标准的贡献、华为究竟有哪些产品使用了美国 IDC 公司的这些中国标准必要专利、美国

---

[1]　广东省深圳市中级人民法院(2011)深中法知民初字第 858 号、广东省高级人民法院(2013)粤高法民三终字第 306 号。

[2]　李剑：《标准必要专利许可费确认与事后之明偏见——反思华为诉 IDC 案》，载《中外法学》2017 年第 1 期。

IDC 公司的这些标准必要专利究竟对华为的产品作出了什么样的贡献。[1]

在"华为诉康文森案"中，康文森公司曾于 2012 年购买诺基亚公司持有的部分在欧洲、美国、中国等地获得专利授权的一揽子无线通信技术。2014 年 4 月，康文森公司以华为移动终端产品侵犯其专利权为由致函华为公司，并于 2017 年 7 月，以标准必要专利许可费率纠纷为由在英国法院起诉华为公司。作为应对，华为公司除了就康文森公司在中国的多件专利向专利复审委员会提起专利无效宣告请求之外，向南京、深圳等法院提出了确认不侵权诉讼、确定专利许可费率等诉讼请求。在南京市中级人民法院在审理标准必要专利使用费纠纷一案中，康文森公司主张采用"相似许可比较法"（如参照英国华为和 UPI 公司的相关判决所确定的专利许可费率）来计算标准必要专利的许可费率。法院最终采用了自上而下计算 FRAND 许可费率法，据此，所确定的标准必要专利中国费率计算公式为，"单族专利的中国费率＝标准在中国的行业累积费率×单族专利的贡献占比"。

"无线星球诉华为案"与上述案例有所不同，一般而言，受制于专利地域性特征限制，对于不同国家或区域的产品可能对应于差异化的专利许可费率，而在"无线星球诉华为案"中，英国法院判决华为须基于全球许可费率支付给无线星球全球许可费率。无线星球作为一家美国信息技术公司，2014 年 3 月，无线星球以华为、三星等三家公司侵犯专利权（含 5 项标准必要专利）为由向英国、德国等法院提起专利侵权诉讼。华为、三星随即提出反诉，认为无线星球与爱立信（无线星球的专利受让自爱立信）签订的专利许可协议中设置了无线星球许可 3G 和 4G 专利的最低许可费率，无线星球向华为、三星所发送的专利许可要约违反了 FRAND 承诺，并构成市场支配地位滥用。法院在计算标准必要专利全球许可费率时使用了"相似许可比较法"，开始考虑参考美国和欧洲等主要市场的手机费率、中国及其他市场的手机费率，并最终参照了爱立信与三星签订的许可协议。[2] Birss 法官指出，"可比较

---

[1]　李扬、刘影："FRAND 标准必要专利许可使用费的计算——以中美相关案件比较为视角"，载《科技与法律》2014 年第 5 期。

[2]　在该案中，英国法官主要采取对比分析法，利用自上而下分析法进行校对，即寻找一个比较相似的专利许可作为参照标准，也即选定 2014 年爱立信与三星达成的专利许可，再以此专利许可为基础对许可费和相对强度进行对比分析，相乘得出许可费，最后结合地域因素进行考量。具言之，其公式为，"无线星球英国专利的全球基准 FRAND 费率＝爱立信许可费率×相对强度比"，"相对强度比＝无线星球标准必要专利组合/爱立信标准必要专利组合"，最后结合地域性等因素进行调整。参见邓志红、Ethan Ma：《涉及中国企业的标准必要专利许可谈判及诉讼：最新进展与风险分析》，载《电子知识产权》2019 年第 1 期。

许可协议、自由协商达成的许可、专利价值评估法等均可以用于确定 FRAND 费率"。① "华为公司提出无线星球在英国范围内的标准必要专利许可要约可以接受，但无线星球则要求确定一项全球许可费率。华为认为其不需要在法院管辖区之外获得专利许可，无线星球要求华为公司接受非英国标准必要专利作为获取英国专利的条件属于非法捆绑"。② "无线星球诉华为案"激起了人们对标准必要专利许可纠纷司法管辖权的争论。有学者认为，由一国法院判决涉案标准必要专利在全球范围内的许可条件，有扩张本国管辖权、挑战别国司法管辖权之虞。③ 我国司法实践中开始对标准必要专利许可使用费率的裁定范围的规定有所涉及。广东省高级人民法院出台的《关于审理标准必要专利纠纷案件的工作指引（试行）》（2018）第 16 条规定，"标准必要专利权人或实施者一方请求裁判的有关标准必要专利的许可地域范围超出裁决地法域范围，另一方在诉讼程序中未明确提出异议或其提出的异议经审查不合理的，可就该许可地域范围内的许可使用费作出裁判。"也即，若标准必要专利权利人和标准实施者对人民法院就域外或全球范围内的许可确定使用费的达成共识的，人民法院可以作出裁决。

标准必要专利许可费纠纷根源于 FRAND 原则的模糊性，在何谓合理、公平、无歧视缺乏明确统一判定标准情形下，一旦当事人之间就专利许可谈判未达成共识，法院基于 FRAND 原则确定合理许可费率是个见仁见智的问题，很难确定令人完全信服的许可费率。如有学者认为，反垄断法视野中定价过高与否的判断标准丰富多样，既可以是合同条款又可以是法律条文，具有较大的不确定性，而 FRAND 的内涵十分模糊笼统，本身并不能直接给出"过高"的具体尺度。④ 标准必要专利的"公平、合理、无歧视"原则在合同制度领域的适用，主要基于当事人意思自治通过谈判达成协议。有学者认为，"在双方当事人无法达成协议的情

---

① *Unwired Planet v Huawei*，［2018］EWCA Civ 2344，英国上诉法院关于 UP 诉华为专利费纠纷上诉案判决书，2018 年 10 月。

② 任天一：《标准必要专利多边贸易与单边定价：冲突与应对》，载《科学经济社会》2020 年第 2 期。

③ 郑悦迪：《标准必要专利许可的地域范围之司法认定——以无线星球诉华为案为例》，载《渭南师范学院学报》2020 年第 1 期。

④ 孟雁北、柳洋：《论我国规制标准必要专利定价行为的法律路径——以华为公司诉IDC 公司案为研究样本》，载《竞争政策研究》2015 年第 2 期。

况下，主管部门或者司法机构介入的角色定位也应当是协调、引导双方当事人达成许可协议，至于直接判决许可费率，应当是不得已而为之的措施"。① 标准必要专利许可费争议虽然可作为独立的诉讼事项，但其和标准必要专利禁令紧密相连。一般而言，标准必要专利许可费用产生争议后，权利人或在谈判过程中动用禁令来给标准实施者施加压力，或在谈判失败后寻求禁令救济。

第二节　标准必要专利禁令之诉

当标准必要专利被标准实施者实施后，标准必要专利权人为了防止因专利侵权所导致损害的进一步扩大，会向法院提起诉讼，请求法院颁发禁令要求标准实施者停止侵权。此种诉讼类型，被称为"标准必要专利禁令之诉"。纵观世界各国标准必要专利禁令之诉，具有影响的案件主要有美国的 eBay 案、德国的橘皮书案、欧盟的华为诉中兴案以及中国的华为诉 IDC 案等。下文将对以上典型代表性案件进行分析，以期提取出每一个案件所凝结形成的重要审判规则。

一、美国：eBay 案禁令颁发之"四要素检验标准"

eBay 公司是美国一家主要经营业务为网上拍卖的公司，而 MercExchange 公司是一家主要从事线上拍卖技术转让的技术公司。MercExchange 公司拥有一项在线拍卖技术专利，该专利技术被 eBay 公司用于其线上拍卖网站之中以实现网页中"即时买"功能。这项在线拍卖技术对于 eBay 公司来说十分重要，因为其支撑着其网上拍卖业务份额的 30%，一旦该项功能无法使用，eBay 公司的业务开展将遭受重大打击。2000 年，eBay 公司开始与 MercExchange 公司进行接触，并开始寻求该项在线拍卖技术的授权许可。但是双方在谈判过程中在专利许可费方面始终无法达成一致，最终导致该项专利技术授权许可谈判破裂，eBay 公司放弃寻求该在线拍卖技术的授权许可。在双方专利技术许可谈判破裂之后，MercExchange 公司不满 eBay 公司使用其专利技术，随即向美国法院起诉了 eBay 公司的专利侵权行为。2003 年，美国弗吉尼亚地区法院经过审理，陪审团认为

_____

① 李明德：《标准必要专利使用费的认定——华为公司与 IDC 公司标准必要专利使用费纠纷上诉案》，载《中国发明与专利》2018 年第 6 期。

eBay 公司的使用行为的确侵犯了 MercExchange 公司的专利权，属于专利侵权行为。MercExchange 公司在美国弗吉尼亚地区法院的专利侵权判决作出之后，便立即向该法院申请了禁令救济，以期阻止 eBay 公司继续使用其专利技术，阻断专利侵权行为的继续。但是 MercExchange 公司的禁令申请，却被弗吉尼亚地区法院依法驳回。该院认为，专利权人如若使其禁令救济申请获得法院的支持，应当证明其禁令救济申请符合"四要素"测试：(1)专利权人应当证明其遭受了金钱赔偿所不可弥补损害。(2)专利权人应当提供证据证明损害赔偿难以弥补因专利侵权行为所造成的损害。(3)在考量专利权人的利益与专利实施者的利益后，通过衡平仍存在公平救济的可能。(4)专利权人应当证明其提起的禁令救济行为不会导致社会公共利益的损害。经过上述四要素的考量后，法院认定 MercExchange 公司提供相关禁令救济申请的理由和证据无法证明存在损害赔偿无法弥补专利侵权所致损害的情形；另外 MercExchange 公司本身并不从事专利实施工作，那么专利侵权损害赔偿便足以弥补其遭受的损害，因此应当驳回 MercExchange 公司的禁令救济申请。[1]

MercExchange 公司对此案的判决不服，向美国联邦巡回上诉法院提起上诉，该院经庭审认为，eBay 公司未经 MercExchange 公司的授权许可使用其专利技术的行为，的确已经侵犯了 MercExchange 公司的专利权，属于专利侵权行为。eBay 公司实际上在双方谈判破裂之后，仍然在使用 MercExchange 公司的专利权，会给 MercExchange 公司在线拍卖技术的市场价值造成极大损害，因此应当授予 MercExchange 公司禁令救济权利。因此，美国联邦巡回法庭判决撤销了弗吉尼亚地区法院的判决。eBay 公司对于美国联邦巡回法庭的判决不服，向美国联邦最高法院提起上诉，请求驳回 MercExchange 公司的禁令救济申请。美国联邦最高法院经过审理后认为，在审理专利侵权诉讼案件时，对于专利权人的禁令申请，是否予以支持，应当严格按照"四要素"测试法进行审查，而不是只要存在专利侵权行为便无例外地支持禁令救济申请，这种无例外的禁令救济毫无疑问地会对权利相对人利益以及市场竞争造成损害，因此美国联邦最高法院在判决中支持了eBay 公司的主张，驳回了 MercExchange 公司的禁令申请。[2]

---

① 参见 *eBay Inc. v. MercExchange*, *L. L. C.*, 547 U. S. 388, 391 (2006)。

② 参见 *eBay Inc. v. MercExchange*, *L. L. C.*, 547 U. S. 388, 391 (2006)。

eBay 案中，美国法院在专利侵权诉讼案件审理过程中确立了专利权侵权禁令救济权的获得应当从个案中按照"四要素"测试进行考量，而非当然颁发禁令。也即不仅应当考虑是否存在专利侵权行为，还应当考量损害赔偿是否可以弥补损害，同时，在契约自由与公共利益之间进行利益衡平也是非常重要的考量因素。在专利侵权成立的情形下，标准必要专利禁令救济申请并不会当然获得法院支持，法院在决定是否颁发禁令时应保持审慎态度，综合考虑损害赔偿能否弥补侵权损失、公共利益是否遭受损害等多种要素，进而最终得出是否颁发禁令的结论。

二、德国："橘皮书标准案"之"反垄断抗辩原则"

对于标准必要专利禁令救济，在橘皮书案之前德国法院主要按照民法路径进行规制。因为德国理论界与实务界通常认为，专利侵权救济相关行为引发的纠纷属于私人主体之间的纠纷，应主要通过民法路径加以处理。基于民法路径规制标准必要专利禁令救济行为时，法院一般从标准必要专利权人作出的 FRAND 承诺进行引入，由于该承诺不可撤销，因此根据"承诺不可反悔"，认定标准必要专利权人应当遵守承诺，标准实施者可直接依据 FRAND 承诺获得专利权人的许可。标准必要专利权人提起禁令救济的行为违背了 FRAND 承诺，违反了诚实信用原则，因此禁令救济应予以驳回。[①]

但是由于标准必要专利权人作出的 FRAND 承诺较为抽象，FRAND 承诺的作出并不意味标准必要专利权人放弃了禁令救济的权利，在专利侵权成立时，禁令救济一般也会获得法院的支持。由于该类案件大多涉及竞争秩序和消费者利益，因此民法路径进行规制的弊端渐现。随着司法实践的逐步深入，法院逐渐在标准必要专利禁令救济案件中引入反垄断规制路径。其中标志性案件为 2009 年德国联邦最高法院审理的"橘皮书标准案"（Orange-Book-Standard），该案中法院正式在标准必要专利侵权纠纷案件中引入反垄断抗辩。

"橘皮书标准案"的大致案情为：原告拥有记载于橘皮书之上的光盘可刻录以及光盘内容重写有关的技术标准中的相关专利，并从事专利授权许可活动。市

---

① 魏立舟：《标准必要专利情形下禁令救济的反垄断法规制——从"橘皮书标准"到"华为诉中兴"》，载《环球法律评论》2015 年第 6 期。

场上的企业，如若从事可刻录和重写光盘的生产活动，就必须按照原告拥有的专利进行生产，否则商品无法满足该项技术标准的要求，不是安全上存在隐患，便是无法满足市场准入条件等，导致该光盘生产企业的市场竞争力大大降低，甚至会被排挤出相关市场。为了获得原告的专利授权，被告积极向原告提出专利授权许可谈判。双方在谈判中，基于利益最大化考虑，对许可费等重要合同条款争执不下。其中被告提出可刻录和可重写光盘的专利技术的合理许可费区间为1%~5%，并基于双方的许可范围和数量等因素，故请求原告以3%的许可费率授权其使用专利技术。原告认为，专利技术研发过程投入了大量的时间、人力与物力，专利技术质量高，对于光盘的利润贡献率大，因此被告主张的3%的许可费率远低于专利技术本身拥有的技术贡献率，不符合其专利技术授权许可的许可费率预期，故拒绝接受被告提出的许可费率。后双方就许可费率始终难以达成一致，谈判宣告破裂。谈判失败后，被告仍然按照相关光盘标准，使用原告专利技术生产光盘。

原告认为被告侵犯了其专利技术，属于专利侵权行为，便向法院提起诉讼，同时请求法院颁布禁令救济，以阻止被告的继续侵权行为。被告认为原告的专利技术进入了标准，导致其如欲生产符合相关技术标准的光盘，就不得不使用原告的标准必要专利技术，且也不存在替代的技术，因此其侵权行为是为了生产符合标准的商品而形成的，是为了社会公益。另外原告的标准必要专利技术在该专利技术相关市场上并不存在可替代技术，其拥有完全的市场份额，具有市场支配地位，而原告提起禁令救济的行为实则剥夺了被告参与相关光盘市场竞争的机会，因此属于滥用市场支配地位的行为，其禁令救济申请应当予以驳回。

"橘皮书标准案"经过德国联邦最高法院审理后，法院认为标准的公共属性是为了保证标准更好地推广和应用，进而确保商品的安全性、互操作性、效益性等目的。如果一项标准必要专利技术成了相关市场上的商品制造者进入该市场的必备条件，而且该标准必要专利技术的权利人没有合理的理由可以拒绝该项许可，那么其应当授权标准实施者使用该项专利技术的许可。在本案中，原告的可刻录和可重写光盘相关专利技术进入了标准之中，由于标准的网络效应和锁定效应，加之专利技术的法定垄断性，使得该项专利技术具有了不可替代性和必需性，该项专利技术的所有人在该技术市场具有完全的市场份额，因此具有市场支配地位。原告的可刻录和可重写光盘技术构成光盘生产标准的重要技术组成部分，被告如欲生产符合相关技术标准的光盘，便应当使用该项标准中的相关专利技术，该项专利技术构成被告生产符合标准的光盘不可替代和不可或缺的条件，双方虽然在谈判中争执不下，但是仍然存在继续谈判的可能，在没有其他合理理由的前提下，贸然提起禁令救济的行为，一方面等同于专利技术的拒绝许可，会导致被告日后无法生产符合相关技术标准的光盘，削弱甚至消除了被告参与可刻录和可重写光盘市场的竞争能力；另一方面，原告申请禁令救济的行为，其实质上是想借助标准必要专利禁令救济的强制力，企图向被告进行施压，威胁其接受过高的许可费，否则被告将被排挤出相关市场。原告申请禁令的行为违反了《欧盟运行条约》第 102 条，因此属于滥用市场支配地位行为。为了对抗标准必要专利权人滥用禁令救济请求权，应当赋予其反垄断抗辩权。

但反垄断抗辩权的行使须满足一定的条件，法院认为，被告如欲获得反垄断抗辩请求权，应证明其在谈判过程中的一系列行为符合以下要求：首先，被告应主动向原告作出真实合理、条件明确的且容易被接受的要约。该项要约应当符合合同制度上关于要约的有关规定，即包含不可撤销的意思、包含许可合同的主要条款、许可费等许可条件应在标准必要专利权人的预期范围之内、且不得保留对于该项专利的有效性的质疑权利等。其次，在要约提出之后，被告应当预期履行了其在要约之中的义务。预期履行的义务内容，包括准备要约中许可费计算相关的销售数据、盈利数据以及其他资料文件，依照要约内容提及的标准必要专利许可费，足额在银行或第三方提存机构专门账户进行妥存。①

"橘皮书标准案"中，德国联邦最高法院针对标准必要专利禁令救济行为首次引入了反垄断规制路径。其认为标准必要专利权人禁令救济申请并非一律予以批准，而是应当根据个案情形进行考量，考察双方当事人在谈判中的行为以及禁令救济会对市场竞争可能造成的影响；如果通过一系列因素判断后得出标准必要专利权利人存在利用禁令救济权，行垄断行为之实，那么便应当赋予标准实施者以反垄断抗辩权。其中最为重要的是考察标准实施者在谈判中的行为表现，如涉案专利是否构成了标准实施者进入相关市场的必备条件、原告是否存在公正合理

---

① 赵启彬：《竞争法与专利法的交错：德国涉及标准必要专利侵权案件禁令救济规则演变研究》，载《竞争政策研究》2015 年第 9 期。

的理由拒绝标准实施者的授权许可申请、标准实施者在谈判中是否提出了善意真实的要约以及是否已为履行要约进行了一系列准备等。

"橘皮书标准案"虽然确立了标准必要专利禁令救济可适用反垄断规制路径的规则，但是其中提及的考量可否颁发禁令的条件，对于标准实施者而言过于严苛。这就造成了实际案件审理中，标准实施者主张反垄断抗辩的请求很难获得法院支持，毕竟标准实施者很难证明自己提出的要约是否真实、合理并符合专利权人的预期。

在2011年德国曼海姆地区法院公开审理的案件——"摩托罗拉公司诉苹果公司案"中，苹果公司主张摩托罗拉公司因双方就标准必要专利案件发生纠纷而提起的禁令救济申请构成滥用市场支配地位行为，应当按照《欧盟运行条约》第102条授予其反垄断抗辩权。法院经过审理后，运用"橘皮书标准案"中确立的考量因素加以判断后认为，苹果公司无法证明其向摩托罗拉公司提出的授权许可要约中，许可费的主张是符合摩托罗拉公司的授权许可费预期的，因此认定苹果公司在谈判中并未尽到应有的足够善意，其主张的反垄断抗辩便无相关依据，且摩托罗拉公司已经表明欲进行授权，故存在具备善意，不属于市场支配地位滥用行为，不应当适用《欧盟运行条约》第102条，最终法院支持了摩托罗拉公司禁令救济申请，允许其阻止苹果公司在德国境内继续制造、使用和销售使用系争标准必要专利的商品。[①]

同样的情况，也发生在2012年德国曼海姆法院审理的"摩托罗拉诉微软公司案"中。法院认为微软公司在双方的标准必要专利授权许可谈判中，未提出符合摩托罗拉公司预期的许可费要约，因此无法证明其要约是善意、合理的，故无法认定摩托罗拉公司的禁令救济申请构成了市场支配地位的滥用，应当支持摩托罗拉公司禁令救济申请，以阻止微软公司实施相关专利，防止侵权损失的进一步扩大。[②]

虽然在"橘皮书标准案"中，法院所创制的判断"标准实施者的行为是否属于合理善意、标准必要专利权人的行为是否属于滥用市场支配地位、标准实施者是

---

① 参见 *Motorola Inc. v. Apple Inc.* , 2012, Higher Regional Court of Karlsruhe Republic of Germany, Case No. 6 U 136/11。

② 参见 *Motorola v. Microsoft*, 2012, Regional Court of Mannheim, Federal Republic of Germany, Case No. 2 O 240/11。

否有权获得反垄断抗辩"等考量因素过于严苛，但是在标准必要专利禁令救济之诉中引入反垄断规制路径仍然具有重要意义。该项规制路径的确立，为日后处理标准必要专利禁令救济案件作出了重要指引。

三、欧盟："华为诉中兴案"中的"协商意愿原则"

2012 年，欧盟委员会认为，摩托罗拉公司起诉苹果公司专利侵权并附带申请禁令的行为涉嫌滥用市场支配地位，因此对摩托罗拉公司展开反垄断调查。经过调查，欧盟委员会认为，首先，苹果公司在谈判中提出了授权许可要约，并进行了善意协商，虽然协商过程不畅，但是苹果公司已尽了诚意的商业谈判努力。摩托罗拉公司的标准必要专利禁令救济申请行为，则会导致苹果公司的授权许可被实质拒绝。而该专利又是苹果公司制造符合标准的商品之必备条件，摩托罗拉禁令救济申请会将苹果公司排挤出相关市场，导致相关市场的竞争被抑制。其次，摩托罗拉公司的禁令救济申请，也违背了其向标准化组织作出的 FRAND 承诺，是对 FRAND 原则下许可谈判行为的扭曲。如果采取严格善意的标准衡量标准必要专利禁令救济案件中的标准实施者的行为，那么标准必要专利权人采取排除或者限制市场竞争的行为，将更加肆无忌惮，产生专利劫持行为，最终会导致技术创新被抑制和消费者利益遭受损害的后果。另外，在谈判中，苹果公司针对摩托罗拉公司的专利技术的有效性，保留了质疑的权利，这也符合专利被许可的一般商业惯例，因此不可视为对专利授权许可的拒绝。①

因此，欧盟委员会认为，橘皮书标准案中法院关于标准实施者不得对标准必要专利的有效性和必要性提出挑战的观点值得商榷，不允许质疑标准必要专利的有效性和必要性实质上会排除市场自由竞争。② 故欧盟委员会认为摩托罗拉公司申请标准必要专利禁令救济构成了市场支配地位的滥用，应当受到反垄断法的

---

① 参见"European Commission, Antitrust: Commission Sends Statement of Objects to Motorola Mobility on Potential Misuse of Mobile Phone Standard-Essential Patents", http://europa.eu/rapid/press-release-IP-13-406-en.htm，访问日期：2017 年 3 月 13 日。参见赵启彬：《竞争法与专利法的交错：德国涉及标准必要专利侵权案件禁令救济规则演变研究》，载《竞争政策研究》2015 年第 9 期。

② 赵启彬：《竞争法与专利法的交错：德国涉及标准必要专利侵权案件禁令救济规则演变研究》，载《竞争政策研究》2015 年第 9 期。

规制。

欧盟委员会对于摩托罗拉诉苹果公司案的调查思路与考量因素，也被使用在"三星诉苹果专利侵权纠纷案"中，从而得出三星公司的禁令救济申请构成了市场支配地位的滥用，因此属于垄断行为。三星公司接受了欧盟委员会的反垄断调查结果，并承诺五年内对欧盟地区的企业使用其标准必要专利所发生的纠纷中不再提起禁令救济。

欧盟委员会的上述反垄断调查，反映了欧盟委员会对于标准必要专利权人滥用禁令救济行为的非难态度。欧盟委员会反垄断调查的论证与结论，一定程度上挑战了橘皮书标准案中确立的标准实施者合理善意的考量因素，这就导致了2011年德国杜塞尔多夫地区法院在审理"华为诉中兴案"时，没有直接使用橘皮书标准案确立的相关规则进行审判，而是采取中止审判的方法，转向请求欧洲法院对"华为诉中兴"案的相关法律问题进行解释。

中国两家通讯企业之华为公司与中兴公司因标准必要专利许可纠纷，在2011年4月对簿于德国杜塞尔多夫法院，被称为"华为诉中兴案"。基本案情为：华为和中兴公司的专利技术都进入了长期演进技术标准（Long Term Evolution Technology Standard，简称 LTE 标准），且都对标准化组织作出了 FRAND 许可承诺，即在公平合理无歧视原则下进行许可。华为公司发现中兴公司未经过其许可擅自使用了其专利技术，便以侵害其专利权为由向中兴公司发出侵权警告，然后要求中兴公司与之进行谈判。双方随之进入谈判过程，经过一系列谈判，双方始终无法就许可费和许可条件达成一致，华为要求中兴公司支付许可费，中兴公司则提出双方应当交叉许可，谈判陷入僵局，不久后便宣告破裂。华为公司以中兴公司侵犯其专利权为由向法院提起侵权诉讼并申请禁令救济。德国杜塞尔多夫法院经过审理后认为，中兴公司的确存在专利侵权行为，但是考虑到标准必要专利的特殊性，是否给予华为公司禁令救济需要重新考量。鉴于欧盟委员会对于橘皮书标准的质疑以及对于"三星公司诉苹果公司案"的态度，因此法院推迟了判决而选择请求欧洲法院对此案进行解释。

德国杜塞尔多夫法院对于华为诉中兴案是否可以适用《欧盟运行条约》第102条，请求欧洲法院就如下五个问题进行解释并作出裁决：（1）当标准必要专利权人向标准化组织作出了 FRAND 许可承诺后，标准必要专利权人是否能申请禁令救济。(2)标准必要专利权人禁令救济行为被认定为滥用市场支配地位,是否需要以标准实施者预期履行善意协商的准备工作为前提,如果需要,该项准备工作是否存在内容和时间上的限制。(3)标准必要专利权人的禁令救济行为被认定为滥用市场支配地位,是否需要标准实施者预先提出真实、合理且易于接受的要约为前提,如要约中是否应写明专利许可合同成立的主要条款。(4)标准必要专利权人的禁令救济行为,是否需要以标准实施者在要约中提出的许可费充分满足标准必要专利权人的预期为前提,即"明显过多"为条件。(5)标准必要专利权人的其他侵权救济手段,如损害赔偿请求、侵权警告请求是可能涉嫌滥用市场支配地位的考量因素。①

　　欧洲法院针对德国杜塞尔多夫法院请求解释的五个问题,作出了裁决。欧洲法院指出:首先,标准必要专利的不可替代性是其与普通专利的主要区别,这一技术特征,使得标准必要专利本身便构成一个独立的相关市场,以此类推,标准必要专利权人可能在相关市场上拥有完全的市场支配地位。其次,标准必要专利权人的 FRAND 许可承诺,已然使得标准实施者对此产生了合理的信赖,即标准实施者相信标准必要专利权人会在 FRAND 原则下进行许可,而不会无正当理由轻易与其拒绝交易。再次,标准必要专利权人拥有完全市场支配地位,无正当理由提起禁令救济实质上违反其所作出的 FRAND 承诺,具有主观上的恶意,不利于标准的推广与实施。再次,标准必要专利权人提起禁令救济会实质产生拒绝许可的效果以及胁迫标准实施者接受不合理的许可条件,对于市场竞争秩序产生消极影响,涉嫌滥用市场支配地位。最后,对于标准必要专利权人是否属于滥用市场支配地位,应当从以下因素进行考量:标准必要专利权人是否在发现专利侵权行为时,发出侵权警告并说明侵权情况;在标准实施者表达了谈判的意愿后,标准必要专利权人是否提出书面的授权许可要约,要约内容是否具体,是否包含许可费率;标准实施者与标准必要专利权人在谈判中是否积极、善意;标准实施者对于要约不满意的,是否积极提出反要约,并将反要约中涉及的许可费以及许可费计算有关销售数据、盈利数据以及其他相关资料,向第三方机构专门账户予以

---

① 参见"European Commission, Antitrust: Commission Sends Statement of Objects to Motorola Mobility on Potential Misuse of Mobile Phone Standard-Essential Patents", http://europa.eu/rapid/press-release-IP-13-406-en.htm,访问日期:2018 年 4 月 10 日。

提存或按照行业习惯向第三方机构提供担保；双方对于彼此提供的许可条件均不满意的，是否向第三方独立机构申请裁决。①

另外，欧洲法院还认为，标准实施者有权保留对标准必要专利的必要性、有效性以及其是否属于专利侵权等方面的质疑权利，该项权利的保留不影响对于标准必要专利权人的禁令救济行为的判断。

欧洲法院的以上裁决表明，标准必要专利权人的禁令救济行为只有在发出侵权警告函，并积极提出符合FRAND原则的要约进行善意磋商，而标准实施者怠于谈判，或者提起反要约时，未勤勉提出相应的担保或者提存相应的资料时，方能不构成滥用市场支配地位。② 换句话说，欧洲法院认为判断标准必要专利禁令救济行为是否构成市场支配地位滥用，应从专利权人与标准实施者二者在谈判过程的相关行为进行判断，主要考量双方的行为善意与否。这意味着不仅要考察标准必要专利权人是否履行了侵权告知义务，还应当观察其是否率先向标准实施者发出专利许可要约和积极善意地与标准实施者进行授权许可谈判。③ 而且还要考察标准实施者在谈判时，是否积极勤勉与标准必要专利权人进行协商，在拒绝标准必要专利权人的要约时，是否主动提起反要约，并将反要约中相关内容，比如许可费以及许可费计算的相关资料予以提存。在标准实施者怠于谈判，且专利权人没有过错时，标准必要专利权人方可向法院申请禁令救济；标准实施者没有过错，而标准必要专利权人在谈判中存在威胁其接受不合理许可条件，或者借禁令救济手段，行拒绝许可之实的行为时，则标准必要专利权人存在过错，此时其申请救济行为便构成滥用市场支配地位，而无过错的标准实施者可获得反垄断抗辩权。

欧洲法院的裁决实质上将"橘皮书标准案"赋予标准实施者的过高要求降低，确立了标准实施者在标准实施时"安全港"原则。

---

① 张吉豫：《标准必要专利"合理无歧视"许可费计算的原则与方法——欧盟"Microsoft Corp. v. Motorola Inc."案的启示》，载《知识产权》2013年第8期。

② 吴韬、张雅、王偲靓：《译文——欧盟FTC针对高通垄断行为和不公平竞争方法的起诉书》，载标准必要专利网，http://www.cfsep.com/article/details/? flg=1&id=146&settime=1486546796，访问日期：2017年4月13日。

③ 《译文——欧盟司法部就IEEE专利政策的审查函(2015)》，载标准必要专利网，http://www.cfsep.com/article/details/? flg=1&id=140&settime=1479805132，访问日期：2017年3月1日。

四、我国：华为诉 IDC 案

2011 年 7 月，华为公司向深圳市中级人民法院起诉 IDC（InterDigital Technology Group）公司①滥用其市场支配地位，排除了市场竞争，属于垄断行为。此案②一经公布，便引发社会各界的讨论，被称为"华为诉 IDC 案"。其中标准必要专利禁令救济行为是否构成垄断问题讨论最为激烈。华为诉 IDC 案的基本案情为：华为公司是一家经营包括开发、生产、销售远程数字交换机以及各种有线或无线通信设备的科技公司，业务遍布世界各地。IDC 公司是美国一家主要从事数字通信专利技术对外许可的公司。华为公司与 IDC 公司均拥有大量的数字通信专利技术，而且都加入了欧洲电信标准化协会（ETSI），并按照 ETSI 的知识产权政策第 6.1 条，作出了不可撤销的 FRAND 许可承诺。IDC 公司拥有众多进入标准的专利权，其中涉及 2G/3G/4G 等无线通信标准。③

华为公司市场业务的开展需要实施 IDC 公司的标准必要专利。因此，华为公司主动向 IDC 公司发出授权许可谈判邀请。自 2008 年开始，双方就标准必要专利许可进行了长时间的谈判。IDC 公司主张华为公司如欲取得 2G、3G、4G 无线通信标准必要专利的授权许可权，不仅应当支付 IDC 公司提出的授权许可费，而且应当将其拥有的标准必要专利免费反向许可。华为公司则主张，其在生产无线通信设备时，无可避免需要用到 IDC 公司的标准必要专利，而 IDC 公司已经向 ETSI 作出了不可撤销的 FRAND 承诺，因此 IDC 公司应当给予其符合 FRAND 原则的授权许可。经过轮番多次许可谈判之后，双方仍然僵持不下。在双方谈判尚未破裂之时，IDC 公司向美国法院提起诉讼，主张华为公司专利侵权，并且要求法院向其颁发禁令救济，责令华为公司停止侵权。华为公司认为 IDC 公司提出的授权许可条件之中许可费要求太高，而在同样的情形下许可给三星、苹果的条件

---

①　交互数字通信有限公司（InterDigital Communications，Inc）、交互数字技术公司（InterDigital Technology Corporation）、交互数字专利控股公司（InterDigital Patent Holdings Inc.）、IPR 许可公司（IPR Licensing Inc.）均是在美国注册的企业法人，均是交互数字公司（InterDigital Inc.）的全资子公司，互为关联公司，对外统称为交互数字集团（InterDigital Group）。

②　广东省深圳市中级人民法院（2011）深中法知民初字第 858 号、广东省高级人民法院（2013）粤高法民三终字第 306 号。

③　叶若思等：《标准必要专利权人滥用市场支配地位构成垄断的认定　评华为公司诉美国 IDC 公司垄断纠纷案》，载《电子知识产权》2013 年第 3 期。

则明显更为宽松，构成了歧视性许可。双方多次谈判虽未达成授权许可协议，但是其仍然在极力争取谈判并多次让步，然而 IDC 公司却单方向法院提起侵权诉讼并主张禁令救济，此种行为名为维权，实则逼迫华为公司接受不合理的授权许可条件，构成市场支配地位的滥用。因此华为公司向深圳市中级人民法院提起诉讼，请求该院确认 IDC 公司的行为构成垄断，并确定标准必要专利授权许可费率。

深圳市中级人民法院庭审查明，每一个标准必要专利构成了一个独立的相关市场，而标准必要专利权人在该相关市场上具有完全的市场份额。因此，标准必要专利权人在相关市场上，具有完全的市场支配地位。华为公司基于善意与 IDC 公司进行授权许可谈判，IDC 公司在双方谈判过程中向美国法院提起侵权之诉并申请禁令救济，实际上会产生强迫华为公司接受不合理许可费率和许可条件的效果，属于滥用市场支配地位，是垄断行为，应当赔偿华为公司相应的损失。同时，深圳市中级人民法院对双方专利授权许可使用费率亦作出了认定。

"华为诉 IDC 案"作为我国标准必要专利第一案，人民法院首次适用 FRAND 原则对标准必要专利使用费问题进行了裁判，并对禁令救济所产生的垄断问题进行具体阐释，对今后标准必要专利禁令救济相关案例的审判具有重要的借鉴和指导意义。

第三节　标准必要专利禁令滥用引起的反垄断民事诉讼

技术研发主体投入大量时间、智力和资金研发的技术获得专利权后，便会为了实现利益最大化，通过不断增强自身的市场支配力量来获得超额利润。然而，专利价值的实现受制于多方面因素的制约，借助于标准的力量最大程度实现专利价值是一条捷径。具有法定垄断性的专利权，在标准的网络效应和锁定效应加持后，能赋予标准必要专利权人较强的市场支配力量，如果拥有较强市场支配力量的标准必要专利权人滥用其标准必要专利禁令救济，便会存在垄断嫌疑，可能受到反垄断法的规制。但反垄断执法机关介入垄断行为具有较高的门槛和独立性，体现国家意志，较少受到当事人主观意识的支配。所以，针对标准必要专利禁令救济相关的垄断行为，除了反垄断执法机关介入外，当事人和利益相关方还可依据反垄断法的规定自行提起反垄断民事诉讼维护合法权益。

一、提起反垄断民事诉讼的条件

我国《反垄断法》第60条规定："经营者实施垄断行为，给他人造成损失的，依法承担民事责任。经营者实施垄断行为，损害社会公共利益的，设区的市级以上人民检察院可以依法向人民法院提起民事公益诉讼。"反垄断民事诉讼的提起条件，主要包括存在垄断行为、垄断行为造成了损失、损失与垄断行为之间存在法律上的因果关系等。

首先，存在垄断行为。"垄断协议、滥用市场支配地位以及经营者集中"是反垄断法中规定的三大基本的垄断行为类型，其中市场支配地位滥用，主要指具有市场支配地位的经营者，滥用其地位优势而排除或限制了竞争，在认定该种行为类型时，相关市场界定、是否构成市场支配地位滥用便是考量重点；经营者集中，需要认定经营者未申报的集中行为是否会限制市场竞争，存在破坏市场竞争秩序的可能；垄断协议需要存在两个以上的经营者通过合意排除或限制相关市场的竞争，包括分割市场、限制产量、限制价格等。

其次，经营者的垄断行为造成了其他经营者的损失。经营者从事的垄断行为，无论是达成垄断协议，还是滥用市场支配地位，抑或是非法经营者集中，造成市场竞争秩序被破坏的同时，也可能造成了其他经营者的利益损失。

最后，损失与垄断行为之间存在因果关系。经营者的利益受损而提起反垄断民事诉讼时，应当证明其受到的损失与垄断行为之间存在因果关系，即其利益损失是垄断行为直接造成的，而不是因为经营者自身的商业经营风险导致的。因为市场竞争受优胜劣汰竞争法则所支配，经营者参与市场竞争目的在于争夺市场资源，其中便伴随利益的转移，必然存在一方获得利益，而另一方遭受损失，因此存在损失并不意味着由实施垄断行为的经营者承担。[1]

具体到标准必要专利禁令救济滥用而提起反垄断民事诉讼的条件，也应当以上述条件为基础，但是应当进一步细化。首先，标准必要专利禁令救济滥用行为的行为主体只涉及一方当事人，因此所涉及的垄断行为类型主要集中于滥用市场支配地位情形。其次，认定标准必要专利权人的禁令救济行为是否属于垄断行

---

[1]　王健：《关于推进我国反垄断私人诉讼的思考》，载《法商研究》2010年第3期。

为。这个条件的成立，需要依照反垄断法相关规定，具体分三步进行分析：其一，对标准必要专利人所处于的相关市场加以界定；其二，在界定的相关市场内，判定标准必要专利权人是否具有市场支配地位；其三，认定标准必要专利权人的禁令救济行为是否构成市场支配地位的滥用，且该滥用行为是否排除或限制了竞争。如果经过分析后得出标准必要专利权人在相关市场上具有市场支配地位，而且其禁令救济行为构成市场支配地位的滥用并排除或限制了竞争，那么便属于垄断行为。再次，认定经营者的市场支配地位滥用行为是否造成其他经营者的损害。此种情况一般由提起标准必要专利禁令救济滥用诉讼的原告举证证明其因该垄断行为所遭受的损失。最后，分析标准必要专利禁令救济滥用行为与损害之间是否存在因果关系。即原告应当提交证据证明其损害是由于标准必要专利禁令救济滥用行为导致的，而不是因其经营不善或其他商业风险导致的。

二、标准必要专利禁令救济滥用的认定标准

为了保护专利权人对其专利权享有合法权益，各国都认可标准必要专利权人享有申请禁令救济的权利。但是由于标准必要专利会赋予专利权人强大的市场支配力量，可能对市场竞争秩序和标准市场秩序造成扭曲，因此各国理论界和实务界都认为应当对标准必要专利禁令救济的行使进行适当的限制，进而使社会公共利益免遭损害。如果标准必要专利禁令救济超越权利行使的合理边界，便属于禁令救济滥用行为。

综合各国法院在审理标准必要专利禁令救济案件的经验可知，标准必要专利禁令救济滥用行为的认定标准大致为，谈判过程双方是否具有善意，即"双向善意标准"。具体认定应当从以下因素进行判断：首先，考量标准必要专利权人是否向标准化组织作出了 FRAND 许可承诺，如果作出了 FRAND 许可承诺，那么该 FRAND 许可承诺便对标准必要专利权人具有约束力。其次，标准必要专利权人在发现标准实施者的专利实施行为后，是否及时向标准实施者发出侵权警告，而且在侵权警告函中是否指明侵权的具体内容，如侵权专利名、侵权性质、范围等。再次，标准必要专利权人在发出侵权警告后，是否积极向标准实施者发出标准必要专利许可要约，且要约中明确了诸如许可费等具体的要约内容。再次，标准实施者在收到专利权人的要约后，是否积极参与许可谈判，且在拒绝专利权人

的要约后，积极提起反要约，并提存要约内容有关的销售资料、盈利数据以及许可费。最后，在双方对彼此许可条件均不满意的情况下，双方是否积极向第三方独立评估机构申请裁决确定许可条件。①

---

① 王先林：《涉及专利的标准制定和实施中的反垄断问题》，载《法学家》2015年第4期。

第六章　制度调适部分：我国标准必要专利禁令滥用的规制路径

针对标准必要专利禁令滥用行为，根据违法事实的不同，存在着民法、专利法、竞争法等规制路径。也有学者认为，标准必要专利禁令限制裁判规则实体法部分的适用上，长远看，应在专利法内部创设标准必要专利禁令限制特殊规则；当前，可以适用民法基本原则；谨慎适用反垄断法。① FRAND 原则体系重点关注 FRAND 原则的性质及其所派生出的标准必要专利禁令请求权问题；行政规制关注于标准必要专利禁令滥用的行政执法尤其是反垄断行政执法问题；司法规制重点关注法院是否颁发禁令及禁令滥用的反垄断民事诉讼问题。总的来看，对标准专利禁令滥用加以规制，既包括禁令申请之前 FRAND 原则限制，也包括禁令颁发过程中法院的利弊权衡，还包括禁令救济行使过程中执法机关的反垄断审查。

第一节　从原则到规则：标准必要专利禁令滥用的 FRAND 原则约束体系构建

标准必要专利禁令滥用本质上属于专利权滥用的一种表现形式。针对专利权滥用，需要遵守法律的适用顺位，首先依据知识产权法来衡量，判断行为在知识产权法中有没有依据；其次可适用民法的一些规定，比如诚实信用原则、禁止权利滥用原则等，进行第二顺位的衡量；第三顺位就是用反不正当竞争法；最后再

---

① 仲春、关佩仪：《国际标准必要专利热点案件介评》，载《中国应用法学》2020 年第 2 期。

用反垄断法。① FRAND 原则起源于标准制定组织的知识产权政策，FRAND 原则如何由抽象的原则变为具体的规则，使其内涵更加丰富，离不开产业界及各国法院的努力。② FRAND 原则的制度化或规则化对标准必要专利禁令滥用的规制具有重要的意义。除了 FRAND 原则自身可对标准必要专利禁令救济形成重要约束外，FRAND 原则也可作为一种法律分析工具嵌入到行政规制和司法规制之中，从而为行政执法机关和司法机关据此创制标准必要专利禁令相关规则提供源源不断的活力源泉和重要养分。然而，FRAND 原则如欲产生法律效力，除了民法的一般性规定之外，还须通过专利法、标准化法等制度加以确认。鉴此，针对标准必要专利禁令滥用的约束，本节重点从诸如专利信息披露规则的完善、请求权基础的明晰、FRAND 许可谈判机制的建立等方面提出相应的对策建议。

一、FRAND 原则引入——专利信息披露规则的完善

标准必要专利信息披露作为标准组织知识产权政策的核心组成部分，对防止专利劫持具有重要的意义。标准在制定过程中，若参与标准制定的成员发现纳入标准之中技术方案包含其专利或专利申请，应及时公开披露专利信息。专利信息披露义务与 FRAND 声明具有紧密的联系。有学者将标准组织的知识产权政策分为"公开政策"和"许可政策"，公开政策要求标准组织成员先于相关标准通过前公开他们所持有的标准必要专利，许可政策要求标准必要专利持有人以 FRAND 条件进行授权许可。③ 具言之，"公开政策"主要针对专利信息披露而言，在标准制定过程中，标准组织成员若认为某些标准含有其技术方案，其便需要提供相关的文件，披露某些标准中所含有的专利技术或正在进行专利申请的技术，自行作出 FRAND 许可声明，一旦其所提交的文件被标准组织采纳，该专利便成为标准必要专利。"许可政策"主要是针对 FRAND 许可声明而言的，标准组织对披露的专利信息仅负责进行收集、整理，不负责认定披露的专利是否为标准必要专

①　宁立志：《反垄断和保护知识产权的协调问题》，载《竞争政策研究》2017 年第 5 期。

②　张晓：《FRAND——从原则到规则》，载《科技创新与知识产权》2012 年第 3 期。

③　Jorge L. Contreras 著：《全球标准战：北美、欧洲和亚洲的专利与竞争纠纷》，田梦驰译，载《竞争法律与政策评论》2018 年第 4 期。

利,① 更不对标准的有效性提供担保，成为标准必要专利依赖于标准组织成员自行的标准必要专利声明。可见，设置公开政策的主要目的在于通过专利信息的公开，为标准组织最终是否采纳该项技术方案提供重要参考，也为阻断未来可能发生的专利劫持或专利陷阱现象提供重要保障。正因如此，将标准制定组织的专利信息披露政策进行制度化加以确定至关重要。

当前，我国在立法中也开始关注标准制定过程中的专利信息披露问题，并就专利信息披露与专利实施许可的关系进行了规定。《国家标准涉及专利的管理规定(暂行)》(2014)设立专节对国家标准制定过程中的专利信息披露问题进行了专门规定。《中华人民共和国专利法修改草案(送审稿)》(2015)中，第85条规定，试图建立标准必要专利默示许可制度，对参与国家标准制定的专利权人不履行专利信息披露义务的法律后果加以明确规范。但在之后法律修订中并未采纳该款。默示许可首先排除了专利侵权的可能，为标准实施者实施标准必要专利打开了方便之门，因为标准必要专利权人与标准实施者之间是一种契约关系，而非专利侵权关系。② 是故，默示许可制度的建立，对禁令救济进行了较大程度的限制，侧重于保护标准实施者的利益。然而，总体来看，我国对标准制定过程中专利信息披露的具体内容以及违反专利信息披露义务所产生的法律责任规定还不甚明确。

有学者认为，在制度中明确标准必要专利权人的强制披露义务以及默示许可(法定许可)具有一定的实践基础，故将其在专利法中加以具体规定也具有现实条件。③ 考虑到专利信息披露与否关乎着标准必要专利禁令救济的正当性问题，建议在未来专利法的修订中，不宜直接确定默示许可制度，但为了保证标准制定过程中专利信息的及时披露，还须具体规定专利信息披露的程序、内容、责任等，一旦未履行专利信息披露义务，将可能阻断禁令救济权的行使。值得一提的是，未参与标准制定的组织或个人虽不负有披露义务，但其行为若构成专利权滥

---

① 姚玉凤：《标准必要专利的产生流程及实践中的若干问题》，载《电信科学》2016年第6期。

② 李文江：《我国专利默示许可制度探析——兼论〈专利法〉修订草案(送审稿)第85条》，载《知识产权》2015年第12期。

③ 樊延霞、温丽萍：《我国标准必要专利默示许可制度探析——以〈专利法修订草案(送审稿)〉为视角》，载《知识产权》2017年第12期。

用，标准实施者可以此进行抗辩，或请求有关部门加以反不正当竞争和反垄断审查。[①] 有学者进而指出，对于未履行披露义务的行为人应当区分善意和恶意，并在此基础上设置限期披露、法定许可乃至反垄断法救济等不同的处理方式。[②]

二、FRAND 原则实施——构造 FRAND 许可谈判机制

在标准必要专利许可中，对于标准必要专利权人而言，期望收取可观的专利许可费来弥补其研发成本；对于标准实施者而言，则希望能以最低的专利许可费来获得专利授权许可，进而进入相关市场。然而，由于专利劫持和专利反向劫持现象的存在，标准必要专利权人与标准实施者之间在谈判中的地位此消彼长。"由于标准必要专利 FRAND 谈判机制的缺位，标准必要专利权人和标准实施者可能会为了各自利益，不愿妥协。如标准必要专利权人可能以禁令相威胁谋求不正当利益，标准实施者则可能为了压低价格而拖延谈判，导致谈判僵持不下"，[③] 为此，建立科学透明的 FRAND 许可谈判机制势在必行。

前已述及，在"华为诉中兴案"确立了"协商意愿原则"，也即标准必要专利禁令救济是否获得法院支持，需要考察标准必要专利权人和标准实施者各自所应承担的义务，也即"双向义务"。譬如在标准必要专利权人发现侵权行为时，在提请禁令救济之前，是否履行发送专利侵权警告函、发出要约等程序；与此同时，对标准实施者而言，是否针对标准必要专利权人的要约作出及时有效的回应，在不同意该要约的情况下是否提出反要约并预先履行相关义务等。

《最高人民法院关于审理侵犯专利权纠纷案件应用法律若干问题的解释(二)》第 24 条中，对标准必要专利权人和标准实施者在谈判中是否具有善意所需考量的因素进行了规定，譬如专利权人在协商中是否故意违反公平、合理、无歧视的许可义务之情形，被诉侵权人在协商中是否存在无明显过错之情形，若专利权人在协商过程中存在故意违反上述义务且被诉侵权人无明显过错时，停止标准实施行为的主张将无法得到法院的支持。但也应该看到，上述司法解释对双方

---

① 王贞华、樊延霞：《技术标准中专利信息不披露行为的审查对策》，载《知识产权》2014 年第 8 期。

② 单麟：《浅析标准必要专利信息披露义务》，载《中国发明与专利》2017 年第 2 期。

③ 祝建军：《标准必要专利应建立 FRAND 谈判机制》，载《中国知识产权杂志》2018 年第 136 期。

在许可谈判中的义务规定还较为抽象，仍缺少科学、清晰的程序性安排。

所以，在我国专利法修订及司法解释不断完善过程中，应更加科学、务实地设计谈判程序，权衡各方利益，对谈判过程中双方所应履行的义务以及违反相关义务所承担的法律后果进行细化，强化制度对谈判过程的约束，促进双方及时达成标准必要专利许可协议。尤其是，对违反规定程序而导致无法达成专利实施许可合同的，若标准必要专利权人存在过错，其禁令救济将无法得到法院支持。

三、FRAND 原则救济——请求权基础体系构建

无论是标准必要专利许可费纠纷，还是禁令救济相关的纠纷，都需具备相应的请求权基础。在标准必要专利许可费纠纷中，FRAND 承诺对标准必要专利权人和标准实施者双方都形成一定的约束，也即一方不可恶意磋商、拖延而不支付许可费，另一方也不可漫天要价、拒绝许可；在标准必要专利禁令救济中，FRAND 承诺将对专利许可谈判形成约束，双方在谈判中的表现影响着禁令救济能否获得支持。至于约束程度如何，则因 FRAND 承诺的不同定性而有所不同。

（一）FRAND 承诺法律性质的明确

理论界对标准必要专利权人违反 FRAND 承诺的法律性质存在着侵权行为、垄断行为、缔约过失、不正当竞争行为、强制缔约、默示许可等不同观点。对标准必要专利权人的权利进行一定程度的限制是 FRAND 原则的设立目的之一。基于 FRAND 承诺的约束力，为标准实施者在与标准必要专利权人的许可谈判中增加了谈判筹码和依据，既缓和了专利权的垄断性与技术标准的开放性之间引发的冲突，也在标准化组织、标准必要专利权人、标准实施者之间寻求了平衡。

然而，在 FRAND 原则之下，标准必要专利权人所作出的 FRAND 承诺，属于其与标准制定组织之间达成的双方协议，依据合同相对性理论，无法延及标准实施者。但问题在于，标准必要专利权人对标准制定组织所作出的 FRAND 承诺，实际上并非要求标准必要专利权人在权利行使中向标准制定组织承担某种义务，而是为了要求标准必要专利权人在后续的专利实施许可中，向不特定标准实施者承担公平、合理、无歧视的许可义务。对此学理上分析 FRAND 承诺的法律性质时，存在两种进路，一是，对标准组织与标准必要专利权人之间的法律关系避而

不谈，直接分析标准必要专利权人与标准实施者之间的法律关系。譬如"要约论""要约邀请论"便是代表。二是，在明晰标准必要专利权人与标准组织之间的法律关系的基础上，再论证标准必要专利权人与标准实施者之间的关系。譬如"侵权行为论""强制缔约论""默示许可论"等意图突破合同的相对性使 FRAND 承诺能在标准必要专利权人与标准必要专利实施者之间建立某种法律关系。三是，"垄断行为论""不正当竞争行为论"则试图从公共利益的角度来突破标准必要专利权人与标准制定组织之间所形成合同关系的封闭性，其问题在于将违反 FRAND 承诺直接视为不正当竞争行为、垄断行为，并未考虑到违反 FRAND 承诺行为的不同违法性质。为厘清整个法律关系链，应在理顺标准必要专利权人与标准组织之间法律关系基础上，梳理标准必要专利权人与标准专利实施者之间的法律关系。

笔者认为，标准必要专利权人对标准制定组织作出的 FRAND 承诺可被界定为第三人利益合同。有学者认为，"第三人利益合同的基本逻辑是，当事人之间通过约定的方式，使第三人取得债权人地位，进而可以向债务人直接请求给付"。① 学理上关于第三人利益合同的讨论主要围绕我国《民法典》第 522 条，也即原《合同法》第 64 条进行。② 但依据该条，在发生违约情形时，债务人只需向债权人而非第三人承担违约责任。正因为如此，有学者认为，专利权人向标准组织作出的 FRAND 承诺，根据我国法律规定，不能被认定为以潜在专利实施者为受益人的第三人受益合同，③ 当发生违约情形时，标准实施者的请求权基础缺失。由此可见，我国《民法典》并不承认第三人利益合同，或者说，我国《民法典》规定的合同并非严格意义上的第三人合同。本书所讲的利益第三人合同主要指具有"第三人取得权利，是直接基于合同当事人使第三人取得权利的效果意思"④的合同。若将标准必要专利权人向标准制定组织作出的 FRAND 承诺定性为

---

① 王泽鉴：《民法学说与判例研究》（第 6 册），中国政法大学出版社 1998 年版，第 230 页。

② 《中华人民共和国民法典》第 522 条规定，当事人约定由债务人向第三人履行债务，债务人未向第三人履行债务或者履行债务不符合约定的，应当向债权人承担违约责任。

③ 杨君琳、袁晓东：《标准必要专利 FRAND 原则的解释与适用》，载《科技管理研究》2016 年第 2 期。

④ 韩世远：《合同法总论》，法律出版社 2011 年版，第 273 页。

利益第三人合同，有以下四个关键问题需要明确。

其一，在利益第三人合同视阈下，利益第三人是否享有独立的请求权？有学者认为，利益第三人虽不是合同当事人，但却享有独立的请求权,[1] 属于非真正连带关系。第三人虽享有独立的请求权，但是该请求权是不完整的，诸如撤销权、代位权等债权人享有的全部债权权能，第三人便不享有。[2] 其二，在利益第三人合同中，在为第三人设定权利的同时，是否可为其设定义务？一般而言，在利益第三人合同中，第三人仅享有权利，不承担义务。在特殊情形下，第三人在享有权利的同时，也可负担一定的义务。但是，在合同当事人为第三人设定权利又为其设定一定义务的情形下，第三人基于该权利所获得的利益要高于该义务履行所受到的损失，且第三人还具有是否接受该负担义务的权利的选择权。所以，在利益第三人合同中，即使当事人约定第三人向债务人承担义务，合同也被认定有效，但若第三人认为约定的义务对其不利，可拒绝接受整个利益。[3] 其三，在利益第三人合同的履行中，由于利益第三人合同限定了债务人向第三人履行义务，即使债务人向第三人履行义务不符合条件，债权人也不能要求债务人向其直接履行义务，此时第三人可通过独立请求权的行使，要求债务人继续向其履行义务或以违约为由向法院提起诉讼。其四，利益第三人合同是在合同意思自治的基础上所形成的。标准必要专利权人作出 FRAND 承诺是贯彻标准制定组织知识产权政策的重要途径之一，有学者认为，在利益第三人合同中，第三人权利并非基于合同当事人的意图，而是基于公共政策或信赖保护等理由而得到确立的情况。[4] 这便忽略了利益第三人合同达成过程中的意思自治原则的贯彻，事实上，某一标准是否纳入某些专利技术，某些专利技术纳入标准之时专利权人是否作出 FRAND 承诺，标准制定组织和标准必要专利权人均具有相应的选择权。

综合来看，利益第三人合同为在特殊情形下突破合同的相对性开了一个口子。虽然标准实施者并非订约当事人，但当标准必要专利权人违反 FRAND 承诺后，标准实施者无需借助于标准制定组织，即可独立地要求标准必要专利权人履

---

① 史尚宽：《债法总论》，中国政法大学出版社 2000 年版，第 615 页。
② 王利民：《合同法研究　第一卷》，中国人民大学出版社 2015 年版，第 140 页。
③ 戴修瓒：《民法债编总论》，台湾三民书局 1993 年版，第 304 页。
④ 张家勇：《论合同保护第三人的路径选择》，载《法律科学（西北政法大学学报）》2016 年第 1 期。

行 FRAND 承诺。若不承认标准必要专利所有人、标准制定组织与执行者之间有契约关系，法院则需要诉诸或适用一般法律条款或原则(例如诚实信用原则)。①可见，标准制定组织与标准专利权人之间基于 FRAND 承诺订立的 FRAND 协议，符合第三人利益合同的法律特征。因此，标准必要专利权人向标准制定组织所作出的 FRAND 承诺具有第三人利益合同的法律性质，该合同的设立意在贯彻标准制定组织的知识产权政策，为后续标准必要专利权人与标准实施者之间的许可谈判嵌入前置性的条件。

(二)FRAND 许可争议下请求权的明晰

标准必要专利权人与标准实施者双方在专利许可谈判失败时，一方均可能向法院提出标准必要专利许可费诉讼。然而，当标准必要专利许可费争议发生后，标准实施者或标准必要专利权人各自的请求权基础可能都会缺乏相应的法律依据。

第一，应明晰双方的请求权基础。虽然 FRAND 承诺在形式上主要由标准必要专利权人向标准制定组织作出，但标准实施者作为原合同受益第三人，在标准必要专利权人和标准实施者任何一方在专利许可谈判中违反 FRAND 承诺时，双方均享有各自的请求权基础，也即双方或以缔约过失为由，或以违约为由，向法院请求其中一方履行合同义务。

第二，标准必要专利权人的具体请求权。虽然有学者认为一旦某些专利技术进入技术标准之中，标准必要专利权人即丧失拒绝许可的权利，② 但若标准实施者缺乏谈判诚意而无故拖延谈判进程等，此时并不能剥夺其专利拒绝许可的权利。标准必要专利权人的请求权基础在于，标准实施者支付合理的专利许可费是标准必要专利权人许可他人实施其技术的基本条件，在标准实施者恶意拖延谈判进程及不支付相应的专利许可费，且尚未实施该专利技术的情形下，标准必要专利权人可以向法院提起诉讼，请求标准实施者承担缔约过失责任，要求标准实施者承担为谈判或准备履行合同而支出的费用。但在标准实施者实施该专利技术的

---

① 刘孔中：《论标准必要专利公平合理无歧视许可的亚洲标准》，载《知识产权》2019 年第 11 期。

② 李丹：《滥用标准必要专利的反垄断法规制》，载《价格理论与实践》2015 年第 10 期。

情形下，违约救济可由侵权救济替代，标准必要专利权人可提出禁令之诉，要求标准实施者停止侵权和损害赔偿，对此下文将详述。

第三，标准实施者的具体请求权。依据利益第三人合同理论，在标准必要专利权人收取不合理的专利许可费及无正当理由拒绝许可情形下，标准实施者享有请求标准必要专利权人按照 FRAND 承诺向其许可专利技术并收取合理实施许可费的权利。标准实施者请求权基础在于，第三人对合同利益的享有主要基于合同当事人在基础合同中所作的利益第三人约款的约定，在合同当事人未履行利益第三人约款的情形下，第三人可提起诉讼。①

值得注意的是，当前我国立法和司法实践并未对利益第三人合同加以确定。在今后的立法或司法实践中，在承认合同对第三人的保护作用的同时，也应对 FRAND 承诺的利益第三人合同性质进行确认。

(三)FRAND 原则下标准必要专利禁令请求权的限制

单纯 FRAND 许可费争议和标准必要专利禁令申请二者的请求权基础并不相同。在逻辑关系上(如图 6-1 所示)，标准必要专利权人向标准制定组织所作出的 FRAND 许可声明在法律性质上，应当属于第三人利益合同。

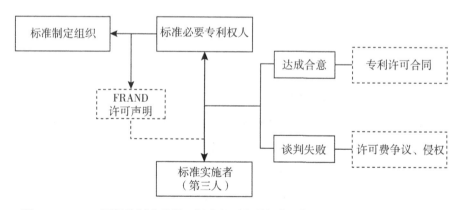

图 6-1　FRAND 下标准制定组织、标准必要专利权人、标准实施者之间的关系梳理

---

① 吴文嫔：《第三人利益合同之效力根源：法律对第三人合同利益之正当化》，载《河北法学》2007 年第 12 期。

据此，FRAND 承诺的不同定性对标准必要专利权人与标准实施者之间法律关系的厘定亦会造成较大影响，进而对双方专利许可谈判过程形成约束。若其中一方在专利许可谈判中未能遵循 FRAND 原则而导致谈判失败，将可能承担缔约过失责任或违约责任，进而须承担相应的损害赔偿责任。所以，标准必要专利权人向标准制定组织所作出的 FRAND 许可声明可被视为标准必要专利权人与标准实施者的专利许可合同谈判的前置条件，标准必要专利权人与标准实施者双方在专利许可谈判中均满足该条件时，才可能在此基础上达成许可协议。正因如此，受 FRAND 承诺的约束，标准必要专利权人的禁令救济权也将受到限制。

虽然在专利技术纳入标准之时，标准必要专利权人向标准制定组织作出了 FRAND 许可声明，但双方能否遵循 FRAND 原则开展谈判并进行许可离不开相应的制度约束。在标准实施者和标准必要专利权人双方许可谈判失败，且标准实施者已经使用其专利的情形下，① 此时标准必要专利权人将可能以侵权为由，提起标准必要专利侵权诉讼。专利权作为一种私权，在一般专利受到侵犯时，停止侵权是权利人重要的救济手段。一般情况下，标准必要专利权人作出 FRAND 承诺并不当然排除禁令救济，然而，标准必要专利不同于普通专利，受 FRAND 原则的约束，标准必要专利禁令请求权将会受到一定的限制。正所谓"不受限制的禁令请求权不仅可能导致许可人和被许可人双方地位和利益的严重失衡，而且与标准必要专利权人的 FRAND 承诺也自相矛盾"。②

在第三人利益合同对禁令请求权的限制方面，有学者认为，标准实施者可以就标准必要专利权人的禁令请求权，行使知识产权政策要约的抗辩、信赖利益抗辩。③ 在反垄断法对禁令请求权的限制方面，标准必要专利权人滥用禁令请求权会影响技术标准化的顺利进行、削弱专利使用者的市场竞争力、损害消费者福利、损害竞争秩序等，④ 所以在专利侵权诉讼中，标准实施者可以提出反垄断抗

---

① "先使用后谈判"在标准必要专利领域较为常见，所以一旦标准必要专利和标准实施者就专利许可谈判失败，标准必要专利权人将会以专利侵权为由提起标准必要专利相关诉讼。

② 王晓晔、丁亚琦：《标准必要专利卷入反垄断案件的原因》，载《法学杂志》2017 年第 6 期。

③ 马尚等：《标准必要专利禁令请求权的抗辩——从利益第三人合同的视角》，载《标准科学》2017 年第 9 期。

④ 吴太轩：《标准必要专利权人滥用禁令请求权的反垄断法规制》，载《竞争政策研究》2017 年第 2 期。

辩。但是，FRAND 原则和反垄断法对标准必要专利禁令请求权的限制具有不同的边界。譬如，"在标准必要专利禁令救济的限制方面，德国司法实践侧重于反垄断法的规制路径，而欧盟法院则偏向于以 FRAND 许可声明为基础的民法规制路径，其将'权利人作过 FRAND 许可声明'作为认定是否构成滥用市场支配地位的条件之一"。①

我国关于标准必要专利禁令救济的规制主要集中在最高人民法院所制定的相关司法解释之中，② 这些司法解释为法院决定是否支持标准必要专利权人的禁令请求提供了一定的规则依据。在标准必要专利禁令滥用的规制方面，我国需要完善相关立法，提升执法和司法水平，确立一些共识性原则，不断完善规制标准必要专利权人滥用禁令请求权的"中国逻辑"。③ 有学者认为，与德国从反垄断法路径入手来对标准必要专利救济加以限制不同的是，我国倾向通过司法解释的方式以及从专利法内部创设规定来对标准必要专利禁令救济加以限制。④ 我国关于标准必要专利禁令请求权限制规则仍有待完善，尤其在是否支持标准必要专利权人的禁令请求方面，我国相关制度对专利许可谈判中标准必要专利权人所应履行的义务关注较多，而较少对标准实施者的行为加以考量。如前文所述，标准必要专利既可能存在专利劫持，也可能出现专利反向劫持，在实践中，标准实施者故意拖延许可谈判进程也不乏其例。所以，在今后涉及标准必要专利禁令请求限

---

① 魏立舟：《标准必要专利情形下禁令救济的反垄断法规制——从"橘皮书标准"到"华为诉中兴"》，载《环球法律评论》2015 年第 6 期。

② 《最高人民法院关于当前经济形势下知识产权审判服务大局若干问题的意见》明确指出："如果停止有关行为会造成当事人之间的重大利益失衡，或者有悖社会公共利益，或者实际上无法执行，可以根据案件具体情况进行利益衡量，不判决停止行为，而采取更充分的赔偿或者经济补偿等替代性措施了断纠纷。"最高人民法院《关于审理侵犯专利权纠纷案件应用法律若干问题的解释(二)》第 24 条规定："专利权人故意违反其在标准制定中承诺的公平、合理、无歧视的许可义务，导致无法达成专利实施许可合同，且被诉侵权人在协商中无明显过错的，对于权利人请求停止标准实施行为的主张，人民法院一般不予支持"；第 26 条规定："被告构成对专利权的侵犯，权利人请求判令其停止侵权行为的，人民法院应予支持，但基于国家利益、公共利益的考量，人民法院可以不判令被告停止被诉行为，而判令其支付相应的合理费用。"

③ 林秀芹、刘禹：《标准必要专利的反垄断法规制——兼与欧美实践经验对话》，载《知识产权》2015 年第 12 期。

④ 魏立舟：《标准必要专利情形下禁令救济的反垄断法规制——从"橘皮书标准"到"华为诉中兴"》，载《环球法律评论》2015 年第 6 期。

制规则的修改及完善中，除了细化诸如标准必要专利权人的恶意判定标准之外，还应对标准实施者在专利许可协商中所应负担的义务予以明确。

值得注意的是，在对标准必要专利禁令请求权的限制上，除了注重以FRAND许可声明为基础的民法和专利法路径外，还应创设相应的规则，使专利法与反垄断法在规制必要专利禁令滥用方面形成必要的勾连。在标准必要专利禁令滥用涉嫌限制或排除竞争时，可援用反垄断法相关规定，赋予标准实施者以反垄断抗辩权。

第二节 从类推到法定：标准必要专利禁令滥用反垄断规制体系的构建

在标准必要专利禁令限制方面，无论是法院基于 FRAND 原则对标准必要专利权人禁令请求的判决，还是标准实施者通过援引反垄断法对标准必要专利权人的禁令请求提出抗辩，都侧重于从民法的路径来防止标准必要专利禁令的滥用。较之民法、专利法等规制路径，反垄断在规制标准必要专利禁令滥用方面，门槛相对较高，规制范围较窄。但是，标准必要专利禁令滥用可能对竞争秩序和公共利益造成严重危害，并产生排除或限制竞争的效果，此际，便需要反垄断法对其加以规制。

一、规范垄断行为类型

反垄断法作为行为规制法，某一行为是否落入其规制范围，关键在于该行为能否匹配于反垄断法所确定的垄断行为类型之中。对于传统意义的垄断行为，依据反垄断法按图索骥，进行垄断行为的认定并不存在匹配困难。而对于新型的不当竞争行为，则需要对该行为加以条分缕析后，来判断是否属于反垄断法所规定的垄断行为类型。当然，若某一行为对市场竞争造成严重危害，现有反垄断法所确定的垄断行为类型无法将其囊括其中时，则可考虑反垄断法的解释或修订，来适当扩大反垄断法的适用范围。

（一）反垄断法规定的垄断行为类型在标准必要专利禁令滥用领域的匹配

我国现有立法并未对标准必要专利禁令滥用可能构成的垄断行为加以类型化

规定。如我国《反垄断法》就没有对标准必要专利禁令滥用的规制创设专门的规则。《反垄断法》第 68 条①明确了反垄断法在知识产权领域适用的界限，也即标准必要专利禁令滥用是否排除、限制竞争是反垄断法介入的前提。同时依据《反垄断法》第 22 条、第 25 条、第 35 条②之规定，标准必要专利禁令滥用可能构成市场支配地位滥用、经营者集中等垄断行为类型。但是，这些行为类型是否能匹配于标准必要专利禁令滥用行为，缺乏明确规定。

反垄断法在标准必要专利禁令滥用领域的适用，还须将标准必要专利禁令滥用行为样态匹配于反垄断法所确定的垄断行为类型之中。以判断标准必要专利禁令滥用是否构成市场支配地位滥用为例，在适用路径上存在以下几种方式，其一，将以禁令滥用为威胁索取过高的专利许可费，匹配于第 22 条第(1)款"以不公平的高价销售商品或者以不公平的低价购买商品"这一情形，此时，禁令滥用本身仅是实施该种垄断行为类型的工具和手段，难以吸收诸如不争执条款、差异化许可等与禁令滥用相关的行为；其二，将标准必要专利禁令滥用直接匹配于第 22 条第(5)款中的"其他不合理的交易条件"及第(7)款中"国务院反垄断执法机构认定的其他滥用市场支配地位的行为"，但这些兜底性条款须依赖配套的实施性细则方能适用。

---

① 《反垄断法》第 68 条规定："经营者依照有关知识产权的法律、行政法规规定行使知识产权的行为，不适用本法；但是，经营者滥用知识产权，排除、限制竞争的行为，适用本法。"

② 《反垄断法》第 22 条规定："禁止具有市场支配地位的经营者从事下列滥用市场支配地位的行为：(1)以不公平的高价销售商品或以不公平的低价购买商品；(2)没有正当理由，以低于成本的价格销售商品；(3)没有正当理由，拒绝与交易相对人进行交易；(4)没有正当理由，限定交易相对人只能与其进行交易或者只能与其指定的经营者进行交易；(5)没有正当理由搭售商品，或者在交易时附加其他不合理的交易条件；(6)没有正当理由，对条件相同的交易相对人在交易价格等交易条件上实行差别待遇；(7)国务院反垄断执法机构认定的其他滥用市场支配地位的行为。"具有市场支配地位的经营者不得利用数据和算法、技术以及平台规则等从事前款规定的滥用市场支配地位的行为。本法所称市场支配地位，是指经营者在相关市场内具有能够控制商品价格、数量或者其他交易条件，或者能够阻碍、影响其他经营者进入相关市场能力的市场地位。"第 25 条规定："经营者集中是指下列情形：(1)经营者合并；(2)经营者通过取得股权或者资产的方式取得对其他经营者的控制权；(3)经营者通过合同等方式取得对其他经营者的控制权或者能够对其他经营者施加决定性影响。"第 35 条规定，"对不予禁止的经营者集中，国务院反垄断执法机构可以决定附加减少集中对竞争产生不利影响的限制性条件。"其中，对市场支配地位滥用类型采取了"列举+兜底"的方式进行。

原国家工商行政管理总局(现国家市场监督管理总局)制定的《关于禁止滥用知识产权排除、限制竞争行为的规定》规定不得在标准实施过程中进行专利拒绝许可等限制或排除竞争的行为。其依据《反垄断法》第 22 条第(3)款"没有正当理由，拒绝与交易相对人进行交易"之规定，将专利拒绝许可作为市场支配地位滥用的一种类型。此时，若将标准必要专利禁令滥用适用于该规定，必须先证成标准必要专利禁令滥用是否属于专利拒绝许可的一种表现形式。

有学者认为，向法院寻求禁令或者以禁令申请相威胁的行为，可理解为反垄断法中所规定的不公平高价销售、附加不合理的交易条件、搭售或者拒绝交易等行为。[①] 国务院反垄断委员会公布的《关于知识产权领域的反垄断指南》(2019)对标准必要专利禁令申请的反垄断审查，明确了反垄断法在标准必要专利禁令滥用领域的适用。标准必要专利禁令滥用可能构成市场支配地位滥用和经营者集中两种垄断行为类型。

(二)反垄断执法实践所涉及标准必要专利禁令滥用类型

市场支配地位滥用、垄断协议、经营者非法集中是垄断行为的主要类型。每一标准必要专利往往构成一个独立的相关市场，标准必要专利人往往被推定为具有市场支配地位优势，较易进行市场支配地位的滥用。譬如标准必要专利权人在专利许可谈判中，以禁令相威胁，索取过高的专利许可费和不合理的许可条件。国家发改委在 2015 年就针对高通公司滥用无线标准必要专利许可市场和基带芯片市场支配地位实施垄断行为进行了行政处罚。

与此同时，在经营者集中过程中，也存在标准必要专利禁令滥用的可能。事实上，在具体的反垄断执法实践中，执法机关要求经营者集中过程中附加"不得滥用禁令"的条件不乏其例。譬如在"谷歌收购摩托罗拉移动""微软收购诺基亚设备和服务业务"，以及"诺基亚收购阿尔卡特朗讯"这些涉及移动通信标准必要专利的经营者集中案件中，商务部曾附加限制性条件批准经营者集中。其具体的限制性条件，包括行为性救济、FRAND 承诺、不得滥用禁令救济。[②] 在执法机

---

① 丁亚琦：《论我国标准必要专利禁令救济反垄断的法律规制》，载《政治与法律》2017年第 2 期。

② 王晓晔、丁亚琦：《涉及标准必要专利的经营者集中控制》，载《华东政法大学学报》2016 年第 6 期。

构有充分证据证明交易当事人之前存在大量利用禁令攻击竞争对手的案件中，应明确要求标准必要专利权人在集中后不得使用禁令。① 基于以上分析，不难发现，市场支配地位滥用和经营者非法集中在标准必要专利禁令滥用构成垄断的主要行为样态。

（三）标准必要专利禁令滥用构成垄断行为的类型化路径

标准必要专利禁令滥用主要构成市场支配地位滥用和经营者不当集中这两种垄断行为类型。但是，根据反垄断法对构成市场支配地位滥用和经营者集中的具体情形之规定，标准必要专利滥用很难直接匹配于该垄断行为具体情形之中。

欧盟在对摩托罗拉公司的调查决定中，将标准必要专利禁令滥用本身视为一种市场支配地位滥用行为。② 有学者认为，在诸如专利拒绝许可、专利费叠加等滥用行为尚不能完全吸收标准必要专利禁令滥用行为的情形下，可将标准必要专利禁令滥用行为作为一种独立的滥用市场支配地位类型予以规制。③ 鉴于标准必要专利禁令滥用作为一种垄断行为在实践中相对定型，在今后反垄断法的修订中，可以考虑将标准必要专利禁令滥用作为一种独立的市场支配地位滥用类型加以确认，消弭标准必要专利禁令滥用的反垄断规制法律适用的困境。

二、细化行为判定路径

标准必要专利禁令滥用的反垄断法规制主要集中在市场支配地位滥用、经营者集中等领域。然而，这两种垄断行为类型的判定路径具有一定差异，须对其判定步骤加以明晰。

（一）标准必要专利禁令救济反垄断规制的基本前提

专利权作为一种私权，反垄断执法作为公权力介入的象征，在公权干预私权的过程中，须保持一定的谦抑性。反垄断法在一定范围内承认专利权"天然垄

---

① 刘武朝：《标准必要专利与经营者集中附加限制性条件》，载《工业技术创新》2014 年第 3 期。

② http：//europa.eu/rapid/press-release_IP-14-489_en.htm.

③ 韩伟、徐美玲：《标准必要专利禁令行为的反垄断规制探析》，载《知识产权》2016 年第 1 期。

断"属性，赋予专利权以合法垄断权，力求在保护创新和促进竞争方面取得平衡。标准必要专利作为专利权的一种特殊运营方式，较之普通专利权，更易形成或加强标准必要专利权人在某一特定市场上所形成的市场支配地位，标准必要专利权人利用市场支配地位来谋取垄断的风险也随之更大。但若专利权人不合理地行使这种垄断权，利用标准必要专利权固有的独占权所形成的垄断地位或者市场支配地位，来实施非法限制竞争的行为，造成排除或限制竞争效果时，需要反垄断法的适度介入。《反垄断法》第 68 条为反垄断法适用于知识产权领域提供了基本依循。

但专利权滥用是个相对抽象的概念，囊括了不同程度的专利权滥用行为样态。换言之，并非所有的专利权滥用行为都能落入反垄断法规制范围。若专利权滥用行为尚未达到反垄断法规制条件，应考虑通过民法、专利法等加以规制。正因如此，有学者认为，"在知识产权领域的适用要遵循一定的顺位要求，首先依据知识产权法来衡量，判断行为在知识产权法中有没有依据；其次，退而适用民法的一些规定，比如诚实信用原则、禁止权利滥用原则等，进行第二顺位的衡量；第三顺位就是用反不正当竞争法；最后再适用反垄断法。①"我国现行《专利法》并未就专利权滥用问题作出明确的规定。《中华人民共和国专利法修订草案（送审稿）》（2015 年）②第 14 条规定，"申请专利和行使专利权应当遵循诚实信用原则。不得滥用专利权损害公共利益或者不合理地排除、限制竞争。"该条与《反垄断法》中的防止知识产权滥用条款很好地衔接了起来。

综上，在标准必要专利禁令滥用的反垄断规制中，首先要明确请求停止侵权是专利权内容的应有之义，纵然标准必要专利较之普通专利具有一定的特殊性，也不能因此剥夺标准必要专利权人的禁令请求权。正如有的学者所言，对标准必要专利权人给予禁令救济应当特别谨慎，但也不能将不适用禁令救济这一原则绝对化。③ 其次，标准必要专利禁令滥用是反垄断法介入专利权领域的前提条件之一，但并非只要存在标准必要专利禁令滥用，就需要反垄断法加以规制。换言

---

① 宁立志：《反垄断和保护知识产权的协调问题》，载《竞争政策研究》2017 年第 5 期。

② 《国务院法制办就专利法修订草案（送审稿）征求意见》，http：//www.gov.cn/xinwen/2015-12/03/content_5019664.htm，访问日期：2018 年 3 月 12 日。

③ 马海生：《专利许可的原则——公平、合理、无歧视许可研究》，法律出版社 2010 年版，第 142 页。

之，"专利权人的拒绝交易或者索取过高许可费的行为在竞争性市场条件下是合法的，但在垄断或者存在市场势力的条件下却失去其合法性"。① 最后，要根据标准必要专利禁令滥用的程度，明晰民法、专利法、反垄断法等规制的界限和位序，形成层次递进的标准必要专利禁令滥用规制体系。如通过专利法、民法法律机制本身能够解决的专利权滥用行为，就不必寻求反垄断法的规制。

（二）标准必要专利禁令滥用的反垄断分析框架

本身违法原则和合理分析原则是反垄断法领域判定垄断行为的基本方法，由美国判例法演变而来。本身违法原则是指某些行为因其明显的反竞争性而被依法确定为违法，合理分析原则是指对于某些行为是否在实质上构成限制竞争需要慎重考察经营者的动机、行为方式及其后果后作出判断及认定。② 具体而言，在本身违法原则下，某些特定类型的反竞争行为可径直认定为违法，而对当事人的市场地位、所限制价格的合理性、是否已经实施了限制竞争的行为，以及可能的反竞争后果在所不问。故本身违法原则又称之为当然违法原则、自身违法原则，其更关注于垄断行为的事实认定。在合理分析原则下，某一行为是否构成垄断行为，则需要视具体情况而定，某些反竞争行为并不必然违法，需综合经营者的行为、行为后果及其相关因素进行合理分析，经利弊权衡后，从实质上判定是否具有损害竞争的效果。可见，较之本身违法原则，合理分析原则更加关注于某一行为的价值判断，"本身违法原则"和"合理原则"的区分无助于辨别对与错，因为这种区分仅是为了节省竞争主管机构审查案件的成本。③ 纵观全球，合理原则已经成为各国反垄断法的主流发展趋势。

在本身违法原则和合理原则之外，反垄断法中的适用除外和豁免制度在反垄断分析框架中也具有重要的地位。"适用豁免主要指某类行为虽落入反垄断法的

---

① 王晓晔：《标准必要专利反垄断诉讼问题研究》，载《中国法学》2015 年第 6 期。

② 王先林：《论反垄断法中的本身违法规则和合理分析规则》，载《中国物价》2013 年第 12 期。

③ 饶粤红：《探析合理原则在现代反垄断法中的适用》，载《经济与社会发展》2007 年第 3 期。

规制范围，但由于符合反垄断法所规定的免责条件而不予禁止"。① 而适用除外制度则是一种绝对不适用的状态，某种行为若符合适用除外情形，反垄断执法机构将对其不予审查。而适用豁免制度则是一种相对不适用的状态，需首先经过反垄断执法机构的审查后加以判断。② 就本身违法规则、合理分析规则、适用除外规则之间的关系，有学者认为，"本身违法规则是刚性适用，合理分析规则是弹性适用，除外规则是不予适用"。③ 其中，适用豁免可被视为经反垄断合理分析后处理方式之一。

专利权滥用行为与其他垄断行为类型在反垄断意义上并没有本质上的差别，反垄断分析路径也并无二致。标准必要专利禁令滥用作为专利权滥用的一种类型，同样适用反垄断分析框架。美国 1995 年《知识产权许可反托拉斯指南》明确指出，知识产权实质上与其他形式的财产是相似的，不能直接推定专利权具有反垄断法意义上的支配力。也即专利权的行使既不游离于反垄断法的规制之外，也不受到反垄断法的特别质疑。

国务院反垄断委员会发布的《关于知识产权领域的反垄断指南》(2019 年) 在第 2 条"分析原则"部分明确指出，"采用与其他财产性权利相同的规制标准，遵循《反垄断法》的基本分析框架"。故无论是将标准禁令滥用行为匹配于反垄断法所规定的垄断行为类型之中，抑或是将标准必要专利禁令滥用作为一种独立的垄断行为类型，反垄断分析框架同样适用于标准必要专利禁令滥用领域，即，首先判断标准必要专利禁令救济是否属于适用除外情形；其次，若不存在适用除外情形，就要判断标准必要专利禁令救济是否存在滥用；最后，若存在滥用情形，应遵循合理分析原则，从禁令提起时机、竞争关系、相关市场、市场支配地位等方面加以综合分析和判定。对此，下文将予以详述。

(三) 标准必要专利禁令滥用的反垄断判定步骤

标准必要专利禁令是否构成滥用、滥用是否构成垄断行为，在反垄断法中并

---

① 许光耀：《合法垄断、适用除外与豁免》，载王艳林主编：《竞争法评论(第 1 卷)》，中国政法大学出版社 2005 年版。

② 段宏磊：《中国反垄断法适用除外的系统解释》，载《社会科学》2018 年第 3 期。

③ 李平：《垄断行为认定研究》，载《社会科学研究》2008 年第 4 期。

没有作出明确的规定。前文明晰了标准必要专利禁令滥用的反垄断理论分析框架，在该框架下还须进一步明晰标准必要专利禁令滥用的反垄断判定步骤。

1. 标准必要专利禁令救济适用除外情形

考虑到诸如请求损害赔偿和停止侵权是实现专利权的重要手段，故应将符合FRAND条件而申请禁令的行为予以适用除外。有学者认为，"在具有市场支配地位、作出FRAND承诺、未参与标准制定任一情形不符合情形下，标准必要专利权人提起侵权诉讼、寻求禁令或者赔偿的基本权利通常并不会受到限制，也不会受到反垄断法的特别关注"。① 具体来讲：第一，标准具有事实标准和法定标准之分，由于在某项专利技术纳入法定标准之时，需要专利权人向标准制定组织作出FRAND许可声明，故对纳入法定标准的专利，禁令救济需要受到一定的限制。而对纳入事实标准的专利技术，由于事实标准是由处于技术领先的企业等非标准化组织制定的，不存在FRAND承诺之说，② "事实标准"中的必要专利一般不会按照标准必要专利进行规制，其禁令救济也不会受到限制。值得注意的是，我国相关制度中所规定的标准特指标准制定组织所制定的标准，不包含"事实标准"，但将"事实标准"排除在标准之外，并不意味着事实标准不受反垄断法的约束。③ 鉴于本书重点考虑法定标准中的专利权禁令救济是否受到限制这一问题，对于事实标准可能引起的反垄断问题，在此不再赘述。第二，虽然一个标准必要专利往往代表着一个相关市场，但拥有一项标准必要专利并不能直接推定权利人具有市场支配地位，对于不具有市场支配地位的标准必要专利权人而言，也就不存在市场地位滥用的问题。

2. 标准必要专利禁令救济构成市场支配地位滥用的分析路径

对于市场支配地位滥用这一垄断行为类型，存在着"市场支配地位→市场支

---

① 朱理：《标准必要专利禁令救济问题的反垄断分析》，载《今日财富（中国知识产权）》2016年第3期。

② 也有学者认为，未参加标准制定的必要专利，应当与参加标准制定的必要专利一样，在行使权利时均遵循FRAND原则，专利停止侵权救济的成立条件，应与参加标准制定的必要专利停止侵权救济的成立条件相同。参见祝建军：《未参加标准制定的必要专利停止侵权救济的条件》，载《知识产权》2017年第7期。但考虑到纳入事实标准的专利权人并未作出FRAND承诺，一味扩大FRAND原则的适用范围，将会加剧FRAND反向劫持现象的蔓延，故本书认为，对纳入事实标准中的专利权之禁令救济不应限制。

③ 胡铁：《"事实标准"该如何规制？》，载《中国知识产权报》2016年9月21日。

配地位滥用→限制和排除竞争"的反垄断法分析进路。标准必要专利禁令救济受反垄断法规制，须满足一定的条件。总体来看，禁令的适用需考虑标准必要专利持有人的市场支配力，对双方的谈判地位、相关市场、下游市场竞争、消费者福利的影响加以综合考察，同时还须对标准必要专利权人的禁令救济行为是否具有反竞争的效果进行衡量。① 但从标准必要专利禁令救济是否构成市场支配滥用来看，须符合具有市场支配地位、进行市场支配地位滥用、产生排除或限制竞争效果这一构成要件。

第一，标准必要专利权人拥有市场支配地位与构成滥用行为并不存在必然关联，② 若其不具备市场支配地位，标准必要专利权人的禁令救济将很难受到反垄断关注。市场支配地位的认定往往围绕相关市场、市场份额等进行分析。专利纳入特定标准后所获得的市场力量大小有异，并非一定给专利权人带来支配性市场力量。③ 我国理论与实务界广泛接受的分析思路为，"其一，标准必要专利在相关产品市场的影响力，是否构成一个独立的相关产品市场；其次，标准必要专利权人的市场份额是否超过《反垄断法》所设定的门槛，若超过，便可推定其具有市场支配地位。最后，根据《反垄断法》市场支配地位滥用条款所规定的判断因素，考量是否具有推翻上述推定的情形"。④ 标准必要专利的相关市场界定中，认定市场支配地位的考量因素主要包括：技术的替代性、专利许可方式、司法对待禁令申请的态度。⑤ 不可替代的标准必然具有市场支配地位，存在替代性可能的标准需结合市场份额等因素认定其市场地位，并在此基础上来判断对其是否课以公平竞争责任。⑥

---

① 马兰、冯宪芬：《标准必要专利滥用的反垄断规制》，载《中国发明与专利》2017 年第 6 期。

② 尚明：《对企业滥用市场支配地位的反垄断法规制》，法律出版社 2007 年版，第 71 页。

③ 韩伟、尹锋林：《标准必要专利持有人的市场地位认定》，载《电子知识产权》2014 年第 3 期。

④ 李剑：《市场支配地位认定、标准必要专利与抗衡力量》，载《法学评论》2017 年第 2 期。

⑤ 顾萍、张宏斌：《标准必要专利下的相关商品市场界定方法及市场支配地位认定的考量因素》，载《电子知识产权》2013 年第 12 期。

⑥ 仲春：《标准必要专利相关市场界定与市场支配地位认定研究》，载《知识产权》2017 年第 7 期。

综上分析，可以发现，若标准必要专利具有技术的不可替代性，那么"每一标准必要专利就单独构成一个相关产品市场"。譬如在华为诉 IDC 案中，广东省高级人民法院作如下论述，"IDC 公司在中国和美国的 3G 无线通信技术标准中的每一个标准必要专利许可市场均构成一个独立的相关市场"。但也应该考虑这样几种特殊情形：一是即使专利技术在某一标准中具有不可或缺性，但该标准与其他标准之间存在竞争性或替代性，① 或该标准并没有在市场上得以推广，市场份额较小；二是标准必要专利在某一技术标准中技术含量或重要性较低，那么在上述两种情形下，并不能推定标准必要专利权人具有市场支配地位。因此，标准必要专利权人是否具有市场支配地位，应综合考量标准及其专利技术的可替代性、标准的演进速度、标准实施者转向其他技术标准的可能性和难度、专利保护和许可的现实状况、专利权利人行使权利的可行性等多种因素。② 值得注意的是，如将标准必要专利禁令滥用也视为专利拒绝许可的一种表现形式，那么还需借助"关键设施理论"对标准必要专利权人是否控制关键性或基础性的设施或资源加以分析，进而分析权利人是否利用该"关键设施"不合理地拒绝潜在的被许可人并申请禁令救济。

第二，若认定标准必要专利权人具备市场支配地位，就要考虑其是否构成市场支配地位滥用。"滥用禁令救济实际上是指将禁令作为实现反竞争目的或者效果的手段，以实现排除市场进入、要求超出其专利合理回报之外的利益诉求等。"③常见的禁令滥用主要表现有：以禁令救济相威胁，索取过高的专利许可费，要求标准实施者进行交叉许可，不争执条款等。

对于标准必要专利禁令救济构成滥用的标准，不能一概而论，须结合具体情

---

① 譬如有学者认为，如果在某一个行业只有一个标准体系或者一个标准化组织，该技术标准在整个行业中便占据主导地位，拥有标准必要专利的经营者在相关技术市场、产品市场上，都具有很强的市场地位，其被认定为具有市场支配地位的可能性就较大。反之，若某一行业存在多个标准体系（标准化组织），鉴于不同标准体系或者标准化组织存在竞争，单个技术标准及标准必要专利持有人对整个行业的影响和市场的控制力量将较为有限，构成市场支配地位的可能性大大降低。参见董新凯：《标准必要专利持有人市场支配地位认定的考量因素》，载《知识产权》2015 年第 8 期。

② 詹昊、宋迎：《标准必要专利及中国反垄断法的适用边界》，http：//www. pkulaw. com/lawfirmarticles/9128b8804e001fb1068d65c688928029. html，访问日期：2018 年 3 月 9 日。

③ 朱理：《标准必要专利禁令救济问题的反垄断分析》，载《今日财富（中国知识产权）》2016 年第 3 期。

况加以判断。譬如在欧盟关于三星和摩托罗拉的反垄断调查决定中，将"权利人作过 FRAND 许可声明"作为构成滥用市场支配地位的条件之一。[①] 诚然，在"先使用、后付费"的模式下，标准实施者基于对 FRAND 许可声明产生合理信赖，在获得标准必要专利许可之前，已经实施了该标准且投入了相应的成本，此时标准必要专利权人若以禁令救济为由，或不合理的许可条件，或进行专利拒绝许可造成市场进入障碍，将涉嫌市场支配地位的滥用。

可能引起排除、限制竞争的滥用行为需要依照《反垄断法》的制度框架去分析，FRAND 原则是分析禁令救济是否构成垄断行为的重要参考，但不是直接的依据，更不是唯一的依据。[②] 除了 FRAND 许可声明，不合理专利许可费率也是构成滥用市场支配地位的条件之一。然而，在实践中确定基准专利许可费率颇为困难，需要结合个案，对相关市场的具体竞争状况进行全面把握。

第三，标准必要专利禁令滥用是否产生排除或限制竞争的效果。标准必要专利权人滥用市场支配地位，侵害的是市场竞争秩序、消费者权益等公共社会利益。[③] 这主要表现为将现有的竞争者排除市场之外、阻止潜在的竞争者进入市场、要求标准实施者需要支付高出正常水平的专利许可费、抑制技术创新等。

通观标准必要专利禁令救济是否构成市场支配地位滥用的分析路径，可以发现，在理论和实践中都颇为关注标准必要专利权人的单方行为，而对标准实施者的行为关注甚少。事实上，在遏制"专利劫持"现象的同时，防止"专利反向劫持"现象的发生也不容忽视。通过谈判获取商业秘密；故意拖延许可谈判进程；通过谈判争取研发或市场推广时间；不支付专利许可费；拒绝由指定的中立方确立 FRAND 许可条件和程序或者不服从中立方的裁决结果。[④] 对此情形，有学者认为潜在被许可人无故拖延许可谈判或者不愿支付许可费的情况下，标准必要专

---

① Thomas Kühnen, Handbuch der Patentverletzung, 7. Auflage, Carl HermannsVerlag, 2014, Rn. 1708.

② 王先林：《关于制定我国滥用知识产权反垄断指南的若干思考》，载《价格理论与实践》2015 年第 10 期。

③ 陈丽苹、王常清：《标准必要专利权人滥用市场支配地位的反垄断规制研究》，载《武陵学刊》2016 年第 5 期。

④ 王斌：《FRAND 承诺对标准基本专利权利行使的影响》，载《电子知识产权》2013 年第 12 期。

利权人的救济应当适用专利法。① 换言之，在评价标准必要专利禁令是否构成滥用时，应将标准实施者的行为考虑其中，进而认定其是否为"善意的被许可人"。若标准实施者存在上述情形，而标准必要专利权人又依据 FRAND 原则进行了谈判，"善意的标准必要专利权人"寻求禁令是被允许的。"善意的标准必要专利权人"申请禁令救济的行为属于正当维权，不构成滥用。② 也即，如果标准必要专利权人基于 FRAND 原则提出了合理的专利许可费率，倘若标准实施者不愿意支付符合 FRAND 条件的许可费而继续使用该标准必要专利，抑或故意拖延谈判进程，那么标准必要专利权人向非善意被许可人提起禁令之诉则是合法的。③

3. 标准必要专利禁令救济在经营者集中审查时的分析路径

对于经营者集中类型，其分析路径主要为"是否达到申报标准—是否存在消除、限制竞争的可能性—是否存在法定豁免理由"。④ 当某个标准构成进入障碍时，该标准必要专利持有人可以控制该标准相关的产品和服务市场。如果该权利持有人滥用其权利，从事如拒绝许可、过高收取许可费或进行歧视性许可等限制竞争的行为，都有可能扭曲该市场的竞争结构，产生排除、限制竞争效果。⑤

反垄断法对于市场支配地位滥用侧重于事后规制，而对经营者集中则侧重于事前规制与事后监督。"反垄断法意义上的经营者集中主要指经营者通过合并、购买股权或资产等各种不同的方式，引发或强化独立市场力量间联系的行为，其实质在于原本相互独立的经营者之间的控制关联关系发生变化。"⑥在涉及标准必要专利的经营者集中时，如果达到申报标准，反垄断执法机构需要对其进行经营者集中审查，审查的重点在于合并后标准必要专利的权属变化对市场竞争的影

---

① 王晓晔：《标准必要专利反垄断诉讼问题研究》，载《中国法学》2015 年第 6 期。

② 王渊、赵世桥：《标准必要专利禁令救济滥用的反垄断法规制研究》，载《科技管理研究》2016 年第 24 期。

③ 丁亚琦：《论我国标准必要专利禁令救济反垄断的法律规制》，载《政治与法律》2017 年第 2 期。

④ 孟雁北：《规制与规制的限制：透视中国反垄断法视野中的知识产权许可行为——兼论中国〈知识产权领域反垄断执法指南〉的制定》，载《中国社会科学院研究生院学报》2012 年第 1 期。

⑤ 尹雪萍：《标准必要专利禁令之诉的竞争法边界——以欧盟 2015 年华为诉中兴案为视角》，载《东岳论丛》2016 年第 4 期。

⑥ 叶军：《经营者集中法律界定模式研究》，载《中国法学》2015 年第 5 期。

响。尤其是经营者合并后，由于市场地位的加强，将可能产生专利拒绝许可行为、索取许可高价或专利许可费叠加、实施歧视性待遇、附加不合理交易条件、限制竞争协议行为等限制竞争行为，此时，便需要对交易可能导致的反竞争效应进行认定。[1] 反垄断执法机关对经营者集中进行实质性审查后，如果认为集中存在严重排除、限制竞争的影响，就可能禁止集中。[2]

一般而言，针对经营者集中，反垄断执法机构存在着无条件批准集中、附条件批准或者禁止集中三种处理决定。在具体的实践中，由于经营者可以对集中方案进行修改，故以附加限制性条件的方式批准集中较为常见。而在附条件批准集中时，行为性救济优先于结构性救济。执法机构对于以专利技术为主要业务的经营者集中更加倾向于开放关键性技术而非剥离该专利技术作为救济的措施。[3] 以标准必要专利为例，若采取结构性救济方法，将涉及知识产权业务的剥离，如标准必要专利的转让，从而不利于该项技术的二次创新。而采取行为性救济方法，通过附加遵守 FRAND 承诺、不得滥用禁令等限制性条件，开放关键性技术的许可使用，可有效防止合并交易对市场竞争所造成的损害。商务部在三个涉及标准必要专利的经营者集中案件中的做法便是例证。

综合以上，鉴于我国《反垄断法》对标准必要专利禁令滥用的规制缺乏明细规定，在《反垄断法》相配套的实施细则和执法指南中，应在对标准必要专利禁令滥用行为进行类型化的基础上，明确禁令滥用的反垄断分析框架，细化相关市场、市场支配地位等认定标准，确保反垄断法的准确适用。

三、明晰竞争执法依据

鉴于反垄断法的抽象性和原则性，既需要部门规章对反垄断法的实施加以规范，也需要执法指南这一指导性文件对反垄断法的实施提供指引。前者如《关于

---

① 刘武朝：《标准必要专利与经营者集中附加限制性条件》，载《工业技术创新》2014 年第 3 期。

② 王晓晔、丁亚琦：《涉及标准必要专利的经营者集中控制》，载《华东政法大学学报》2016 年第 6 期。

③ Deborah Platt Majoras, "The Role of Intellectual Property in Merger Review: Recent Cases from the USA Antitrust Enforcement Agencies", In Claus-Dieter Ehlermann and Isabela Atanasiu ed., *European Competition Law Annual*: 2005 *The Interaction Between Competition Law and Intellectual Property Law*, Hart Publishing, 2007, 470.

禁止滥用知识产权排除、限制竞争行为的规定》，后者如国务院反垄断委员会发布的《关于知识产权领域的反垄断指南》。相比而言，虽然反垄断执法指南不属于法律规范形式，但由于作为颁发机关的反垄断委员会层级更高，其在权威性和影响力方面并不亚于部门规章。

值得注意的是，2018 年 3 月，中共中央公布了《深化党和国家机构改革方案》，根据该方案，我国正式组建"国家市场监督管理总局"，形成一个统一的反垄断执法机构。① 即使如此，国务院反垄断委员会办公室职责与国务院反垄断委员会职责并不相同，"制定、发布反垄断指南"的职责仍然归属于反垄断委员会。"反垄断指南不仅是重要的反垄断法实施细则，而且还是阐释反垄断执法政策的有效途径"。② 知识产权领域反垄断执法指南，"既可通过对反垄断法原则和规则的延伸解释来扩大反垄断法适用的张力；也可对实践过程中遇到的问题提供针对性的具体规定"。③

纵观全球，当前一些国家或地区相继制定知识产权领域的反垄断执法指南，如美国联邦贸易委员会与司法部联合发布《关于知识产权许可的反垄断指南》（2016 修正案）、欧盟发布《关于技术转让协议适用欧盟运行条约第 101 条的指南》（2014）、日本发布《知识产权利用的反垄断法指南》（2007）等。在制定我国知识产权领域的反垄断指南时，"应该着重阐述反垄断执法机构在涉及知识产权领域的反垄断执法的基本态度、行为认定的原则和方法。同时，也需要对所涉及的行为进行类型化处理"。④ 在标准必要专利禁令滥用领域，其主要涉及市场支配地位滥用和经营者集中两种垄断行为类型。《关于知识产权领域的反垄断指南》在体例安排上，主要采取的是将知识产权的权利行使嵌入不同类型的垄断行为类型中加以分析，并以"其他情形"作为兜底性条款，对标准必要专利禁令救济构

---

① 该机构整合了商务部关于协议垄断、滥用市场支配地位和行政垄断的反垄断执法职责，国家发改委的价格监督检查与反垄断执法职责，商务部的经营者集中反垄断执法职责以及国务院反垄断委员会办公室等的职责。

② 郝俊淇、刘维俊：《反垄断指南的功能探讨》，载《中国价格监管与反垄断》2015 年第 9 期。

③ 吕明瑜：《知识经济条件下知识产权与反垄断法关系新特点探析》，载《河南省政法管理干部学院学报》2008 年第 1 期。

④ 王先林：《关于制定我国滥用知识产权反垄断指南的若干思考》，载《价格理论与实践》2015 年第 10 期。

成垄断行为的情形进行了专门分析。

但从目前反垄断委员会所发布的《关于知识产权领域的反垄断指南》来看，关于标准必要专利禁令救济滥用的反垄断分析框架还相对抽象，故在今后的立法中还须从以下几个方面加以完善。第一，鉴于 FRAND 原则是评价禁令救济是否构成市场支配地位滥用和经营者集中的重要参考因素，应将 FRAND 原则纳入反垄断分析基本原则之中。第二，由于标准化组织对 FRAND 原则内涵的解释语焉不详，反垄断执法机构需要结合反垄断法实践对 FRAND 原则作进一步阐释和细化。第三，禁令救济是否构成滥用，除了关注标准必要专利权单方行为之外，还应对标准实施者的行为加以关注，尤其是对双方许可谈判所提出的许可条件及许可条件的合理性给出具体的认定标准。

第三节　从比附到普适：标准必要专利禁令滥用司法规制体系的构建

与标准必要专利禁令救济相关的诉讼类型并非单一，存在着"标准必要专利侵权之诉、标准必要专利合理许可费裁判之诉和有关标准必要专利的反垄断之诉"的常见诉讼类型，不同的诉讼类型所关注的问题也具有较大差异。在细化标准必要专利诉讼类型，完善涉及标准必要专利诉讼案件的案由，为当事人准确选择诉由、法院准确选择诉由的同时，还应不断完善标准必要专利禁令适用的条件、FRAND 许可费(率)的司法确定标准等，进而构建较为完备的标准必要专利滥用司法规制体系。

一、诉讼案由——细化标准必要专利诉讼类型

标准必要专利诉讼作为专利纠纷的特殊类型，目前学理上关于标准必要专利许可的纠纷主要分为"标准必要专利侵权之诉、标准必要专利合理许可费裁判之诉和有关标准必要专利的反垄断之诉"三种类型，[①] 主要涉及专利权领域的停止侵权、合同领域的专利许可费、反垄断领域的滥用市场支配地位及经营者集中。

---

① 赵启杉：《标准必要专利合理许可费的司法确定问题研究》，载《知识产权》2017 年第 7 期。

从禁令救济的角度来看，在上述三种标准必要专利诉讼类型中，标准必要专利侵权之诉与禁令救济联系最为紧密。在专利侵权之诉中，标准必要专利权人一般会向法院提出损害赔偿和停止侵权(禁令)请求，此时，当权利人存在禁令滥用时，法院便会不支持其禁令请求。除了专利侵权问题，禁令往往也和许可费、反垄断具有较大的关联。这主要是因为，追求可观专利许可费或将竞争对手排除在目标市场之外是标准必要专利权人提起诉讼的主要目的。在双方谈判过程中，基于 FRAND 原则的抽象性，一旦双方就专利许可费未达成合意，便可能引起专利许可费纠纷。在判断标准必要专利权人是否以禁令相威胁，谋取过高的专利许可费进而实施垄断行为时，确定合理专利许可费率便是认定垄断行为的一个重要环节。

民事案由既是案件内容提要，也是对案件性质的概括。民事案件案由是民事案件名称的重要组成部分，反映了案件所涉及的民事法律关系的性质，是对诉讼争议所包含的法律关系的概括，是人民法院进行案件管理的重要手段。[①] 精准确定民事案件案由，既有利于当事人准确选择诉由，也有利于法院在立案和审判中准确把握案件诉讼争点、当事人诉讼请求及正确适用法律。

在具体的审判实践中，涉及标准必要专利诉讼案件的案由还不尽完善。譬如在"华为诉 IDC 案"中，当事人请求权基础是"IDC 公司违反了 FRAND 义务"，但我国法律并未明确规定"FRAND"原则，据此，本案案由很难被归类于第 136 类的技术合同纠纷及第 167 类滥用市场支配地位纠纷，法院最终将该案定性为"标准必要专利使用费纠纷"。[②] 广东省高级人民法院于 2018 年发布的《关于审理标准必要专利纠纷案件的工作指引(试行)》，虽明确"标准必要专利权人与实施者在标准必要专利许可谈判中就许可使用费的确定发生的争议，属于标准必要专利许可费纠纷"，但与以上最高人民法院关于案由的相关规定无法一一匹配，暂时仅具有对个案的指示意义，还有待全国性规定出台。当前，我国涉及标准必要专利诉讼案件并不多，但面对新类型标准必要专利诉讼案件，需要对该类案件案由

①　孙佑海等：《2011 年修改后的〈民事案件案由规定〉的理解与适用》，载《人民司法》2011 年第 9 期。

②　罗娇、冯晓青：《标准必要专利使用费纠纷中"FRAND"义务的司法认定——"华为技术有限公司与 IDC 公司标准必要专利使用费纠纷上诉案"探析》，载《中国法律》2014 年第 5 期。

进行细化、补充和完善。

二、法律适用——健全标准必要专利侵权案件禁令救济规则

较之普通的专利，标准必要专利的禁令救济因受到 FRAND 原则乃至反垄断抗辩等抗衡，而得以一定程度的限制。标准必要专利权人的禁令救济在何种条件下可以得到支持、禁令救济限制的正当性依据何在、限制禁令救济后的替代性解决方案如何设计等问题都需要在制度中加以具体明确。

(一)明确停止侵权(禁令)适用条件

标准必要专利禁令请求权问题重点关注于法院对待标准必要专利权人禁令请求的态度。美国在"eBay 案"中确立了永久禁令颁发的"四要素检验标准"，也即法院在决定是否颁发永久禁令时，应考虑以下方面："专利权人是否已遭受不可弥补的损害；未来还可能侵权且通过损害赔偿并不足以防止侵权的发生；禁令的颁发给被告带来的损失与原告所带来的收益之间并不会存在严重失衡的情形；颁布禁令不会严重损害公众利益"。[①] 相比之下，德国在具体的司法实践中，则采取的是反垄断抗辩原则。在"橘皮书标准"案中，法院确立了"反垄断抗辩标准"，[②] 也即在民事救济中，通过援用反垄断法来达到限制禁令滥用的效果。在禁令之诉中，如果被控侵权人(一般为标准实施者)欲阻止法院判决禁令救济，可提出反垄断或强制许可抗辩，举证证明专利权人存在违反竞争法或滥用知识产权的情形。[③]

---

① 参见 *eBay Inc. v. MercExchange L. L. C*, 126 S. Ct. 1837, 1841（2006）。

② 反垄断抗辩的成立对标准必要专利权人和被控侵权人而言，都须满足一定的条件。首先标准必要专利权人须满足"具有市场支配地位、专利拒绝许可不具有公平性和合理性"这两个基本条件。与此同时，被控侵权人须满足"标准实施者在专利许可谈判中向标准必要专利权人发出了合理条件的要约；未获专利许可情形下使用该专利需预先履行诸如提交财务账单、预留专利许可费等要约中所承诺的义务"等两个基本条件。在"橘皮书标准案"之后，"华为诉中兴案"中又确立了"协商意愿标准"，重构和修正了"橘皮书标准"，对双方在专利许可谈判程序和内容方面进行了明确要求，譬如标准专利权人在提起侵权之诉之前需通过警告函等方式告知侵权人，在实施者提出缔结专利许可合同意愿时，专利权人须基于 FRAND 原则发出要约、实施者须及时回应专利权人的要约并在未达成一致的情形下及时提出反要约等。

③ 赵启杉：《竞争法与专利法的交错：德国涉及标准必要专利侵权案件禁令救济规则演变研究》，载《竞争政策研究》2015 年第 2 期。

《最高人民法院关于审理侵犯专利权纠纷案件应用法律若干问题的解释（二）》第 24 条对法院不予支持权利人请求停止标准实施行为主张的情形（违反FRAND 许可义务）进行了规定。同时，依据《专利侵权判定指南（2017）》第 149条，① FRAND 许可义务与禁令救济也即停止侵权之间具有紧密的联系；其第 152条、153 条对认定专利权人故意违反公平、合理、无歧视的许可义务、被诉侵权人在标准必要专利许可协商过程中存在明显过错进行了规定，其中双方任何一方存在过错都将影响法院是否应支持专利权人请求停止标准实施行为的主张。② 在"张某与衡水子牙河建筑工程有限公司等侵害发明专利权纠纷案"中，最高人民法院的态度表明，③ 若被诉侵权人存在恶意，即明知专利被纳入某项标准之中，而未经许可、拒绝支付许可费直接使用他人该项专利技术的情况下，法院可以颁发禁令。

结合前述反垄断执法指南草案，我国无论是执法实践还是司法实践，都开始将标准必要专利权人是否履行 FRAND 义务以及被许可人是否存在恶意磋商作为禁令救济的考量因素，重点考察标准专利权人和标准实施者在双方许可谈判中是否具有过错，也即双方在专利许可中是否具有善意协商的诚意，来决定是否颁发禁令。若双方均无过错，颁发禁令的可能性较大；若专利权人存在过错，而标准实施者无过错的情况下，权利人停止侵权的请求将不能获得法院的支持；若专利权人存在过错，而标准实施者亦存在过错，权利人停止侵权的请求，法院应予支持；若双方均存在过错也即混合过错，则应根据双方责任的大小和主次关系来决定是否颁发禁令。该种判断标准在一定程度上平衡了标准必要专利权人和标准实施者二者之间的关系，既防止了专利劫持现象的发生，也避免了专利反向劫持现象的蔓延。一言以蔽之，我国在决定是否颁发禁令（停止侵权）时应遵循双方协

---

① 专利权人故意违反 FRAND 许可义务，导致无法达成专利实施许可合同，且被诉侵权人在协商中无明显过错的，专利权人请求停止标准实施行为的主张一般也无法得到支持。

② 北京市高级人民法院：《专利侵权判定指南（2017）》，http：//bjgy. chinacourt. org/article/detail/2017/04/id/2820737. shtml，访问日期：2018 年 3 月 20 日。

③ 张某与衡水子牙河建筑工程有限公司等侵害发明专利权纠纷提审民事判决书（2012）民提字第 125 号，http：//www. court. gov. cn/wenshu/xiangqing-7876. html，访问日期：2018 年 3 月 20 日。最高人民法院认为，"实施标准，应当取得专利权人的许可，根据公平合理无歧视的原则，支付许可费。在未经专利权人许可使用，拒绝支付许可费的情况下，原则上，专利侵权救济不应当受到限制"。

商机制。而是否存在过错，是否履行 FRAND 原则便是重要的评判标准。

(二)违反 FRAND 原则的定性标准

当事人是否违反 FRAND 原则是决定法院是否颁发禁令的重要依据。FRAND 原则虽是对标准必要专利权人所附加的义务，但这并不意味着只有权利人可能违反 FRAND 原则，标准实施者也可能违反 FRAND 原则。然而，FRAND 原则的内涵并不确定，标准制定组织①和相关制度并没有给出明确的规定。所以，在司法实践中，有必要对 FRAND 原则予以释明。对于标准必要专利权人而言，违反 FRAND 原则的行为主要包括"专利拒绝许可行为、未履行通知义务的情形下径直提起禁令之诉、歧视性许可、专利搭售、以禁令相威胁要求过高的专利许可费"等。对于标准实施者而言，违反 FRAND 原则的行为主要包括"在许可谈判中采取各种借口恶意拖延谈判""对标准必要专利权人的要约未在合理期限内回复"等。所以，在明确禁令颁发标准的同时，相关司法解释应对违反 FRAND 原则的行为加以列举，将标准必要专利权和标准实施者在专利许可谈判中是否存在过错的判断标准加以客观化。

(三)发挥财产性救济的替代性功能

在英美法系国家，损害赔偿属于普通法救济，而禁令救济属于衡平法救济措施，当损害赔偿无法弥补受害人的损失时，才会考虑禁令救济。当前，我国专利侵权案件中，停止侵权的无限制适用现象较为明显。有学者认为，"排他权"属性在裁判者思维中根深蒂固、赔偿救济的潜力无法充分释放等是禁令救济无限制适用现象存在的内在原因。② 由于标准的开放性，禁令救济极易对公共利益造成严重影响。同时，在标准实施者已实施该专利的情形下，也会对其前期投入造成重大的损失。故在标准必要专利诉讼案件中，发挥财产性救济的替代

---

① 国际上相关标准化组织虽大多在其知识产权政策中将做出不可撤回的 FRAND 许可承诺作为专利进标准的条件之一，但其并不愿意对 FRAND 本身的含义以及因为 FRAND 引发的争议进行任何实质性的介入。参见李扬：《当标准必要专利权人被 FRAND 原则"劫持"，谁来施救?》，载《中国知识产权报》2016 年 10 月 12 日。

② 杨红军：《版权禁令救济无限制适用的反思与调适》，载《法商研究》2016 年第 3 期。

功能对防止标准必要专利禁令滥用具有重要的意义。在法院裁量是否颁发禁令时，应充分考量财产性救济是否有效，若能有效弥补权利人的损失，一般不宜适用禁令救济。

专利法对专利侵权责任的承担方式并没有作出明确规定，依据《中华人民共和国民法典》的规定，承担侵权责任的方式既可以单独适用，也可以合并适用。《最高人民法院关于审理侵犯专利权纠纷案件应用法律若干问题的解释（二）》第26条便对停止侵权与损害赔偿责任的替代适用问题进行了明确。[①] 在"珠海市晶艺玻璃工程公司诉广州白云国际机场股份有限公司等专利侵权纠纷案"[②]中，法院在认定被告构成起专利侵权的同时，基于公共利益的考量，并没有判令被告停止侵权，而是允许其可以继续使用被控侵权产品，但应适当支付使用费。

三、审理规则——完善 FRAND 许可费的司法认定标准

FRAND 许可费的确定标准与专利法中的专利侵权赔偿计算方式具有一定的联系，但 FRAND 许可费的确定并不以侵权为前提，较之一般专利许可费，标准必要专利许可费的确定具有自身的特殊性，所以，在参考专利法中的专利侵权赔偿计算方式的同时，也应就 FRAND 许可费的司法认定标准加以细化。

（一）FRAND 许可费的确定机制及司法认定情形

在绝大多数标准必要专利纠纷案件中，许可使用费的确定至关重要。许可合同纠纷的核心问题就是许可费的确定与履行，侵权纠纷的赔偿金往往以许可费为计算依据，反垄断的纠纷涉及专利权人在许可费上索取垄断高价。[③]

---

① 第26条规定："被告构成对专利权的侵犯，权利人请求判令其停止侵权行为的，人民法院应予支持，但基于国家利益、公共利益的考量，人民法院可以不判令被告停止被诉行为，而判令其支付相应的合理费用。"

② 珠海市晶艺玻璃工程公司作为"一种幕墙活动连接装置"的实用新型专利的专利权人，其认为三鑫公司未经同意在广州新白云机场航站楼主楼幕墙制作与安装工程中制造、销售、使用幕墙活动连接装置、白云机场未经同意使用其专利产品，侵犯其实用新型专利，而向法院提起诉讼。广东省广州市中级人民法院民事判决书(2004)穗中法民三知初字第581号。

③ 张永忠、王绎凌：《标准必要专利诉讼的国际比较：诉讼类型与裁判经验》，载《知识产权》2015年第3期。

确定标准必要专利许可费的机制包括自主协商、行政规制、法院裁判和仲裁机制。[1] 标准必要专利许可费定价常见的方式主要包括司法裁判定价和双方合议谈判定价两种，[2] 当标准必要专利权人和标准实施者双方就专利许可费达成合意时，司法机关无需介入。由于 FRAND 原则自身语言的模糊性和概括性以及标准化组织在 FRAND 原则解释与判断方面的中立性，法院不得不处于 FRAND 原则解释和适用的主要地位。[3]

一般而言，法院需要对 FRAND 许可费进行司法认定主要包括这两种情形：一是，标准必要专利使用费纠纷具有民事司法的可诉性，[4] 一旦标准必要专利权人与标准实施者双方就专利许可费产生争议，标准必要专利权人或直接以存在专利许可纠纷为由，抑或标准实施者以专利权人违反 FRAND 原则存在权利滥用为由，其中一方提起标准必要专利许可费之诉，请求法院确定合适的 FRAND 许可费率。譬如在信息不对称的情形下，标准实施者无法得知标准必要专利权人的专利历史许可信息，也无法判断标准必要专利权人所给出的专利许可费邀约是否符合 FRAND 原则，此时标准实施者便可诉诸法院，请求法院确定合适的专利许可费率。二是，标准必要专利权人提起专利侵权之诉，法院在认定构成侵权的情形下，并未判令停止侵权，而是直接支付相应的专利许可费，抑或法院判决损害赔偿，此时，便需要基于 FRAND 原则来认定相应的专利许可费或在认定专利许可费的基础上确定损害赔偿范围。本书重点关注专利侵权诉讼中法院采取替代性财产救济措施情形下 FRAND 许可费的认定问题。

---

[1]　焦海涛、戴欣欣：《标准必要专利不公平许可费的认定》，载《竞争政策研究》2016 年第 1 期。

[2]　丁文联：《专利劫持与反向劫持：裁判定价或谈判定价》，载《竞争政策研究》2015 年第 2 期。

[3]　胡洪：《司法视野下的 FRAND 原则——兼评华为诉 IDC 案》，载《科技与法律》2014 年第 5 期。

[4]　叶若思、祝建军等：《标准必要专利使用费纠纷中 FRAND 规则的司法适用——评华为公司诉美国 IDC 公司标准必要专利使用费纠纷案》，载《电子知识产权》2013 年第 4 期。

(二)专利侵权损害赔偿计算方式在确定 FRAND 许可费时的局限性

《中华人民共和国专利法》(以下简称《专利法》第 71 条(修订前为第 65 条①)确定了专利侵权损害赔偿的基本标准和方式，也即实际损失、侵权获利、专利许可使用费的合理倍数、法定赔偿四种方式，其适用具有法定顺序，在前一种计算方法难以适用时，方能适用后一种计算方法。有学者认为，"第一种和第二种需要有侵权产品的数量、专利产品的单件利润等充足的参数才能够进行相应计算，第三种需要有在先的合理专利许可使用费证据；而第四种计算方式没有适用条件"，② 可见，前三种计算方式依赖于相关参数的准确界定。

具体到标准必要专利领域，就第一种方式而言，在专利权人未自行实施，也未许可他人实施专利技术方案的情形下，权利人因侵权行为遭受损害的实际数额有可能仅仅只是专利权人的一种估计或猜测。③ 就第二种计算方式而言，若某一产品中包含多个技术方案的情况下，如果全部按侵权所得而不按"贡献率"加以配分的话，可能会造成损害赔偿数额超过依法应获得的利益。而如果按照专利权人技术方案的贡献率配分利益的话，又会面临技术分摊难题。④ 就第三种方式而

---

① 《专利法》第 71 条规定，侵犯专利权的赔偿数额按照权利人因被侵权所受到的实际损失或者侵权人因侵权所获得的利益确定；权利人的损失或侵权人获得的利益难以确定的，参照该专利许可使用费的倍数合理确定。对故意侵犯专利权，情节严重的，可以在按照上述方法确定数额的一倍以上五倍以下确定赔偿数额。权利人的损失、侵权人获得的利益和专利许可使用费均难以确定的，人民法院可以根据专利权的类型、侵权行为的性质和情节等因素，确定给予三万元以上五百万元以下的赔偿。赔偿数额还应当包括权利人为制止侵权行为所支付的合理开支。人民法院为确定赔偿数额，在权利人已经尽力举证，而与侵权行为相关的账簿、资料主要由侵权人掌握的情况下，可以责令侵权人提供与侵权行为相关的账簿、资料；侵权人不提供或者提供虚假的账簿、资料的，人民法院可以参考权利人的主张和提供的证据判定赔偿数额。

② 党晓林：《我国专利侵权损害赔偿数额计算方式之探讨》，载《知识产权》2017 年第 10 期。

③ 吉方英、王政书：《论专利侵权惩罚性赔偿之适用——兼论〈专利法(修改意见稿)〉第 65 条》，载《西部经济管理论坛》2015 年第 3 期。

④ 管育鹰：《专利侵权损害赔偿额判定中专利贡献度问题探讨》，载《人民司法》2010 年第 23 期；和育东：《专利侵权赔偿中的技术分摊难题》，载《法律科学》2009 年第 3 期。转引自张鹏：《日本专利侵权损害赔偿数额计算的理念与制度》，载《日本问题研究》2017 年第 5 期。

言，若未有专利历史许可记录，或历史上的专利许可使用费不甚合理，那么该种方式将无法得以很好地适用。总体来看，之所以尚无广受认可的计算涉诉标准必要专利的许可费方式：一是在于知识产权价值本身难以衡量；二是在于特定标准必要专利对于标准的贡献率难以计算。①

一般而言，构成侵权只是司法机关需要确定标准必要专利 FRAND 许可费的情形之一，在双方仅就标准必要专利许可费争议提请法院确定的情形下，标准实施者可能并未使用该标准必要专利。所以，《专利法》中确定的专利侵权赔偿计算方法与标准必要专利 FRAND 许可费的确定方法具有一定的差异。在标准必要专利 FRAND 许可费的司法确定过程中，应在参考专利侵权赔偿计算方法的同时，也应根据其自身特性，不断完善 FRAND 许可费的计算方法。

(三) 完善 FRAND 许可费的司法认定规则

关于单纯的标准必要专利许可费争议在合同制度上是否具有可诉性尚存争议，故在此不做重点讨论。在标准必要专利 FRAND 许可费计算方法上，司法实践中，标准必要专利 FRAND 许可费的确定方法有假想谈判方法、事先基准的计算方法、价值增值计算方法、可比较许可计算方法等。② 例如，通观美国、日本和我国近年来影响巨大的"苹果日本公司诉三星公司案""微软诉摩托罗拉案""华为诉 IDC 案"等标准必要专利案件，司法者主要采用了贡献论、假设性协商方法、比较方法等来确定和计算 FRAND 使用费率。③ 所以，法院应该根据具体的个案确定不同的许可费计算方法。

此外，法院在确定 FRAND 承诺下标准必要专利许可费及其费率所需考量因素方面，需考虑涉案标准必要专利的数量、质量、研发投入、许可地域范围、市场应用前景、类似必要专利所支付的 FRAND 许可费、许可费在产品售价中所占

---

① 秦天雄：《标准必要专利规制问题的法理思考及建议——兼评〈专利法修订草案（送审稿）〉第 85 条》，载《北京化工大学学报（社会科学版）》2016 年第 3 期。

② 李慧颖：《专利劫持和反向专利劫持的法律关注》，载《竞争政策研究》2015 年第 2 期。

③ 李扬：《FRAND 劫持及其法律对策》，载《武汉大学学报（哲学社会科学版）》2018 年第 1 期。

的比例等情况。① 也有学者认为，确立以最小可销售单位为计算基数是保证许可
费"公平、合理、无歧视"的重要规则。② 综合来看，法院在认定 FRAND 许可费
时，应结合具体个案，从"许可标的、许可使用方式、许可协议范围、交易方式、
计价基础等许可条件最终决定具体的许可费率"。③ 在积累了一定标准必要专利
许可案例后，应通过司法解释或指导性案例的方式，将 FRAND 许可费的司法认
定标准及原则予以规范。

第四节　从割裂到衔接：标准必要专利禁令
滥用的协调规制体系

标准必要专利禁令滥用是民法、专利法、竞争法等不同法律领域的交汇点。
虽然民法规制、反垄断规制、司法规制等不同规制方式之间相对独立，但它们之
间也具有相对紧密的联系，在完善各自规制手段的同时，也应注重不同规制方式
之间的衔接与协调。

一、反垄断执法与反垄断司法审查认定标准统一

对标准必要专利禁令滥用司法与行政规制之间的关系，有学者认为，"如果
案件涉及的是标准必要专利权人提起专利侵权诉讼而向法院提出禁令救济请求，
则法院将在专利法框架下遵循相关司法解释进行分析；而如果案件涉及的是被许
可人指控标准必要专利权人在谈判中申请禁令救济的行为涉嫌违反《反垄断法》，
则法院或相关反垄断执法机构将在《反垄断法》框架下进行分析"。④

标准必要专利禁令滥用的规制涉及民法、专利法、竞争法、诉讼法等领域。

---

① 杨东勤：《确定 FRAND 承诺下标准必要专利许可费费率的原则和方法——基于美国
法院的几个经典案例》，载《知识产权》2016 年第 2 期。

② 孔繁文、彭晓明：《标准必要专利许可费计算基数之初步法律研究》，载《中国发明与
专利》2017 年第 3 期。

③ 赵启杉：《标准必要专利合理许可费的司法确定问题研究》，载《知识产权》2017 年第
7 期。

④ 张世明：《标准必要专利 FRAND 承诺与反垄断法作用》，载《内蒙古师范大学学报（哲
学社会科学版）》2019 年第 1 期。

其中，在司法规制和行政规制过程中，都涉及垄断认定问题。标准必要专利滥用可能构成市场支配地位滥用和经营者集中两种垄断行为，反垄断执法机构可以通过发布指南来明确行政执法的反垄断分析框架和认定标准，但只有在特定情形下才会对标准必要专利禁令滥用行为发起反垄断审查。在标准必要专利垄断民事纠纷和专利侵权纠纷中，由于存在反垄断私人诉讼和专利侵权诉讼中的反垄断抗辩，故也会涉及垄断认定问题。由此可见，行政执法实践和司法实践在标准必要专利人是否构成权利滥用尤其是否构成垄断行为的认定标准方面，存在重合之处。但由于二者各自地位所限，反垄断认定标准也会存在差异。譬如人民法院对垄断行为的理解倾向于通过分析相关行为对竞争的具体损害来判断违法，而反垄断执法机构对《反垄断法》相关条文的解读更倾向于欧盟竞争法中"一般禁止，例外许可"的方式。① 在美国政府发布的《专利主张与美国创新》报告书中，其所提出的 7 项立法建议其中之一便提出美国国际贸易委员会基于 337 条款发布排除令所依循的标准要与美国联邦最高法院在 eBay 案中所确立的永久禁令颁发的"四要素检验标准"保持一致。②

所以，无论是行政规制还是司法规制，均需逐步统一反垄断认定标准，实现行政规制与司法规制的有效衔接。"行政反垄断"与"司法反垄断"各具优势，前者人员配备更为专业、执法效率更高、案例积累更为丰富，后者在规制导向上更加尊重市场、在价值取向上更为中立。故关于标准必要专利禁令滥用反垄断认定方面所形成的相关成果值得双方吸收与借鉴。司法机关与行政机关之间应建立起信息交换制度，加强沟通与交流，在反垄断法适用的司法解释与反垄断执法指南涉及标准必要专利禁令滥用的反垄断认定标准方面应逐步保持一致，为市场主体提供更为明确的预期。值得一提的是，关于反垄断事实认定标准，司法部门对行政部门相关竞争执法经验的合理借鉴，并不意味着在个案中法院不能否决行政机关的反垄断行政处理决定，反垄断司法审查应独立于行政执法程序之外。

---

① 李剑：《中国反垄断执法机构间的竞争——行为模式、执法效果与刚性权威的克服》，载《法学家》2018 年第 1 期。

② The White House Office of the Press Secretary, "FACT SHEET: White House Task Force on High-Tech Patent Issues", https://www.whitehouse.gov/the-press-office/2013/06/04/fact-sheet-white-house-task-force-high-tech-patent-issues, 访问日期：2017 年 6 月 4 日。

二、司法救济下 FRAND 许可与行政救济下专利强制许可的衔接

专利强制许可制度主要指国务院专利行政部门基于专利法规定，在不经专利权人许可的情形下，授权他人实施发明或者实用新型专利的法律制度。当事人基于 FRAND 许可承诺既可向知识产权行政管理部门申请强制许可，也可向人民法院提起反垄断民事诉讼。① 对于司法救济下 FRAND 许可与行政救济下专利强制许可二者之间的衔接问题，我国《专利法》第 53 条②规定了实施专利强制许可的情形，《最高人民法院关于审理因垄断行为引发的民事纠纷案件应用法律若干问题的规定》对垄断行为所引发的民事赔偿问题进行了规定。③《最高人民法院关于审理侵犯专利权纠纷案件应用法律若干问题的解释(二)》基于公共利益等考量，对不适用停止侵权而须支付合理使用费的情形进行了规定，虽然专利法规定了强制许可制度，但强制许可费用制度与专利强制许可制度并行不悖，行政机关颁发强制许可并非民事侵权诉讼的前置程序。④ 可见，当前相关法律制度并未对法院判令标准必要专利权人基于 FRAND 原则进行许可的情形进行明确规定，行政机关专利强制许可与法院判决强制许可之间没有形成很好的衔接。笔者建议未来以司法解释的形式，对标准必要专利权行使行为构成垄断行为时，不判决停止侵权而应支付合理使用费的情形进行规定。

此外，依据专利法规定，取得实施强制许可的单位或者个人应当付给专利权人合理的使用费，双方就许可费产生争议的，由国务院专利行政部门裁决。在专

① 罗娇：《论标准必要专利诉讼的"公平、合理、无歧视"许可——内涵、费率与适用》，载《法学家》2015 年第 3 期。

② 《专利法》第 53 条规定："有下列情形之一的，国务院专利行政部门根据具备实施条件的单位或者个人的申请，可以给予实施发明专利或者实用新型专利的强制许可：(1)专利权人自专利权被授予之日起满三年，且自提出专利申请之日起满四年，无正当理由未实施或者未充分实施其专利的；(2)专利权人行使专利权的行为被依法认定为垄断行为，为消除或者减少该行为对竞争产生的不利影响的。"

③ 《最高人民法院关于审理因垄断行为引发的民事纠纷案件应用法律若干问题的规定》第 14 条规定"被告实施垄断行为，给原告造成损失的，根据原告的诉讼请求和查明的事实，人民法院可以依法判令被告承担停止侵害、赔偿损失等民事责任"，其并没有提及强制许可问题。

④ 最高人民法院：《关于审理侵权专利纠纷案件应用法律若干问题的解释(二)》，http：//www.court.gov.cn/zixun-xiangqing-18432.html，访问日期：2018 年 3 月 20 日。

利行政管理机关和法院皆可就专利许可费进行裁定时，要注重二者在确定 FRAND 许可费率计算标准上的一致。有学者认为，在专利侵权案件中，应允许法院颁布专利实施强制许可令，侵权人可以在支付赔偿金后向国家知识产权局申请强制许可令，专利实施强制许可费则可以参照赔偿金执行。[①] 还有学者认为，"应建立反垄断强制许可费的仲裁机制，也即专利行政管理部门发布强制许可后，允许专利权人和被许可人协商许可费，若协商不成，由双方采取仲裁的方式确定许可费"。[②] 故，今后在相关制度中既要完善法院和专利行政机关各自实施强制许可的情形，明确二者不同的适用条件；又要对强制许可后 FRAND 许可费认定标准予以统一，确保 FRAND 原则的全面、准确贯彻。

三、反垄断民事诉讼与竞争执法的衔接

我国反垄断法对相关主体提起反垄断民事诉讼的权利进行了明确规定，从而形成了反垄断民事诉讼与反垄断行政执法相结合的反垄断法实施机制。当标准必要专利禁令滥用涉嫌垄断并给他人造成损失时，包括标准实施者在内的相关主体可以提起反垄断民事诉讼。竞争法主要为公法规范，主要由竞争执法专门机关主动介入施行，[③] 但当知识产权法和竞争法出现冲突的时候，特别是涉及标准必要专利的情况下，竞争法往往得到优先适用的地位。[④] 当前，在标准必要专利禁令滥用领域，涉及反垄断民事诉讼的案例较少，但这并不意味着针对标准必要专利禁令滥用行为，不可提起反垄断民事诉讼。反垄断民事诉讼与竞争执法的衔接，在未来的制度完善中应着重关注以下几个方面的问题：

第一，在反垄断行政调查是否作为反垄断民事诉讼的前置程序方面：有学者认为，"若某一涉嫌垄断的行为未经行政执法程序认定或正在调查之中，以及基于承诺制度和宽恕制度的运用、反垄断执法机构对涉嫌违法的经营者采取中止调

---

① 鲁灿、詹锐：《从 eBay 案看美国专利保护趋势兼论我国专利"停止侵权"责任方式》，载《电子知识产权》2006 年第 9 期。

② 罗蓉蓉：《论标准必要专利拒绝许可行为的规制——兼谈《专利法》第 48 条第 2 款强制许可的适用》，载《时代法学》2020 年第 3 期。

③ 谢铭洋：《智慧财产权与公平交易法之关系——以专利为中心》，载《台湾大学法学论丛(第 24 卷)》1995 年第 2 期。

④ 王晓晔：《标准必要专利反垄断诉讼问题研究》，载《中国法学》2015 年第 6 期。

查、免除或者减轻处罚措施的行为，都应允许当事人提起反垄断民事诉讼"。①
我国《反垄断法》对行政执法程序是否作为民事诉讼的前置条件语焉不详。《最高
人民法院关于审理因垄断行为引发的民事纠纷案件应用法律若干问题的规定》②
则明确规定可以不经行政执法程序直接提出反垄断民事诉讼。故，对某一标准必
要禁令滥用行为尚未受到反垄断调查，相关主体也有权径直提起反垄断民事
诉讼。

第二，在反垄断行政调查与反垄断民事诉讼程序竞合方面：标准必要专利禁
令滥用行为已被反垄断执法机构认定为垄断行为的，当事人可提起反垄断民事诉
讼并请求损害赔偿；对正在受到反垄断调查的标准必要专利禁令滥用行为，当事
人又提起反垄断民事诉讼的，法院可根据案情复杂程度决定是否中止诉讼。

第三，对在标准必要专利侵权诉讼中涉嫌垄断行为的处理方面：若在标准必
要专利侵权诉讼案件中，标准必要专利禁令滥用涉嫌垄断行为的，法院可将案情
通报竞争执法机关，由竞争执法机关决定是否进行反垄断审查，并可释明当事人
有权提起反垄断民事诉讼或提出反垄断抗辩。

---

① 王先林：《论反垄断民事诉讼与行政执法的衔接与协调》，载《江西财经大学学报》
2010 年第 3 期。

② 《最高人民法院关于审理因垄断行为引发的民事纠纷案件应用法律若干问题的规定》
第 2 条规定："原告直接向人民法院提起民事诉讼，或者在反垄断执法机构认定构成垄断行为
的处理决定发生法律效力后向人民法院提起民事诉讼，并符合法律规定的其他受理条件的，
人民法院应当受理。"

结　语

专利法作为知识产权法的重要组成部分，长期以来，专利法深耕于激励创新、促进技术进步等领域，与其他法律的联系并不是十分紧密。随着经济社会的不断发展，专利问题逐渐复杂，非专利制度所能囊括。如专利的存在形态产生了分化，借助于标准，一些专利可作为标准必要专利而存在，专利法与标准法产生了关联；专利的许可方式发生了变化，对标准必要专利权人而言，FRAND 原则对权利人的许可行为形成了重要约束，然而，FRAND 原则的抽象和笼统性，使诸如 FRAND 原则性质的界定，需要专利法与民法、竞争法等之间产生必要勾连；专利的使用行为亦产生较大变化，鉴于标准必要专利权人较大的市场影响力，一旦权利人的行为突破了市场竞争的底线，限制或排除了竞争，将可能受到反垄断法的苛责。标准必要专利禁令作为标准必要专利权人在权利受到侵犯时的重要救济手段，在权利人与标准实施者就专利许可费无法达成合意时，最易被权利人所使用。然，标准必要专利由于依附于标准之中，对技术和市场可产生重大影响，使得其较之普通专利权人具有更高的维权门槛，若动辄使用禁令救济，便有滥用之嫌。

随着全球对知识产权滥用的广泛关注及因标准必要专利禁令救济所产生纠纷案件的不断增加，标准必要专利禁令救济问题逐步受到业界和学界的重视。然而，一方面，"滥用"是个相对疏阔、模糊的法律概念，标准必要专利禁令滥用究竟是实体法意义上的市场支配地位滥用、权利滥用、专利权滥用等，抑或是程序法意义上的诉权滥用，缺乏明确的界定标准；另一方面，FRAND 原则贯穿于标准制定、实施、专利许可全过程，FRAND 原则的性质如何，违反 FRAND 原则对标准必要专利禁令滥用的认定具有何种影响，标准必要专利禁令滥用在何种情形下可能引起反垄断审查等问题，在理论和实践中均尚存争议。

总体观之，标准必要专利禁令滥用及其规制是一个颇为烦冗的法律问题，具有涉及法域广、利益主体多、标的数额高等特点。譬如在利益主体上，涉及标准制定组织、标准实施者、标准必要专利权人等多重直接利益主体，且间接延及至社会公共利益；在规制主体上，涉及反垄断执法机关、法院、专利管理机关、标准化工作的管理机关等不同规制主体；在法律规则方面，涉及民法、专利法、反垄断法以及相关的司法解释、执法指南等不同层面的法律法规。当前，世界各国针对标准必要专利禁令滥用的规制并未形成成熟定型的规则体系。

鉴于此，本书以标准必要专利禁令滥用的法律问题作为主线，在对标准必要专利禁令的基本理论问题进行剖析的基础上，从政策约束、司法规制、行政执法等层面，对标准必要专利产生、实施、许可过程中可能引起的禁令滥用问题进行逐次分析，尤其是对"FRAND 承诺、原则的法律性质；发生争议时标准必要专利权人与标准实施者各自的请求权基础；禁令救济进行限制的法理依据；标准必要专利权人获得禁令救济的条件、标准必要专利 FRAND 许可使用费率的计算；禁令滥用反垄断规制的条件和界限；标准必要专利禁令滥用规制过程中产业政策与竞争政策的平衡"等问题进行了理论上的回应。此外，对标准必要专利禁令滥用的规制从 FRAND 原则的规则化、反垄断执法、司法规制等方面提出相应的建议。

本书侧重从框架性层面对标准必要专利禁令滥用的不同法律问题作出系统的分析，明晰标准必要专利禁令滥用的规制机理，以期为标准必要专利禁令滥用的综合规制提供全域视角。但也应该看到，标准必要专利禁令滥用相关法律问题作为近年来学界和业界的热点话题，尚有诸多问题值得进一步探索和解决。

在理论界，关于 FRAND 原则的法律性质及其与禁令救济之间的关系尚存诸多争议，标准必要专利 FRAND 谈判程序的科学设计尚未提上日程，与标准必要专利禁令救济相关的纠纷是否可作为独立的诉讼类型正处于探索之中，标准必要专利禁令滥用是否可作为独立的垄断行为类型抑或是匹配于现有的垄断行为类型之中尚无定论。在实务界，FRAND 原则如何进一步具体条款化、法律化，FRAND 原则如何具体贯彻到标准必要专利的制定、实施等全过程，法院在决定是否颁发禁令时的具体考量因素，反垄断执法部门在判定禁令救济是否构成垄断行为时的具体标准和方法等都有待经验和案例的逐步积累。一些非专利实施实体（Patent Assertion Entities，简称 PAEs）也开始涉足标准必要专利许可市场，对其所有的标准必要专利是否采取与一般标准必要专利相同的规制路径，有待进一步论证和实践。此外，涉及标准必要专利纠纷平行诉讼问题逐渐引起人们关注，尤其是"域外法院基于平行诉讼，并根据域外诉讼当事人的申请，对我国标准必要专利纠纷的当事人颁发禁诉令，以迫使其撤回在我国法院提起的民事诉讼，或者不得向我国法院申请执行我国法院的判决"。① 如在"无线星球案"中，无线星球公司通过在英国法院向华为公司申请禁诉令，以期华为公司撤回其在深圳法院对无线星球公司所提起的垄断之诉。为更好维护我国司法主权、维护当事人利益，我国应在遵循国际惯例、国际礼让的基础上完善标准必要专利禁令相关制度。

标准必要专利禁令的理论研究和实务处于变居不动之中，未来的研究和实践，一方面要及时吸收学界关于标准必要专利禁令滥用相关法律问题研究的最新成果，对一些争议性的话题逐步求得定论，从而为具体实践提供指导；另一方面，还需要不断借鉴及吸收我国及域外不断丰富和成熟的标准必要专利禁令滥用规制的司法裁量规则和行政执法规范，为规制标准必要专利禁令滥用的相关立法提供更为完善的建议。

---

① 祝建军：《我国应建立处理标准必要专利争议的禁诉令制度》，载《知识产权》2020 年第 6 期。

参 考 文 献

一、中文类参考文献

（一）中文著作类

［1］［美］博登海默．法理学法哲学与法律方法［M］．邓正来，译．北京：中国政法大学出版社，1999.

［2］崔国斌．专利法：原理与案例［M］．北京：北京大学出版社，2012.

［3］陈丽苹．专利法律制度研究［M］．北京：知识产权出版社，2005.

［4］董美根．知识产权许可研究［M］．北京：法律出版社，2013.

［5］杜颖．日本专利法［M］．易继明，译．北京：法律出版社，2011.

［6］［美］德雷特勒．知识产权许可［M］．王春燕，等译．北京：清华大学出版社，2003.

［7］［日］富田彻男．市场竞争中的知识产权［M］．廖正衡，等译．北京：商务印书馆，2000.

［8］方立维．专利标准化下专利联盟及其专利授权许可政策［M］．北京：知识产权出版社，2015.

［9］冯晓青．知识产权法利益平衡理论［M］．北京：中国政法大学出版社，2006.

［10］冯晓青，马翔．知识产权法热点问题研究［M］．北京：中国政法大学出版社，2013.

［11］费安玲．防止知识产权滥用法律机制研究［M］．北京：中国政法大学出版社，2009.

［12］顾金焰．专利标准化的法律规制［M］．北京：知识产权出版社，2014.

[13]国家知识产权局条法司编著．专利法研究[M]．北京：知识产权出版
社，2009.

[14]郭德忠．专利许可的反垄断规制[M]．北京：知识产权出版社，2007.

[15]高俊光．面向技术创新的技术标准形成机理[M]．北京：经济科学出版
社，2010.

[16][日]根岸哲，舟田正之．日本禁止垄断法概论(第3版)[M]．王为农，陈
杰，译．北京：中国法制出版社，2007.

[17]韩伟．经营者集中附条件法律问题研究[M]．北京：法律出版社，2013.

[18]贾小龙．知识产权侵权与停止侵害[M]．北京：知识产权出版社，2014.

[19][德]卡尔·拉伦茨．法学方法论[M]．陈爱娥，译．北京：商务印书
馆，2003.

[20]孔祥俊．反不正当竞争法新论[M]．北京：人民法院出版社，2001.

[21]孔祥俊．知识产权保护的新思维——知识产权司法前沿问题[M]．北京：中
国法制出版社，2013.

[22]梁彗星．民商法论丛(第2卷)[M]．北京：法律出版社，1999.

[23]李杨，等．知识产权基础理论和前沿问题[M]．北京：法律出版社，2004.

[24]李明德．欧盟知识产权法[M]．北京：法律出版社，2010.

[25]李国海．反垄断法实施机制研究[M]．北京：中国方正出版社，2006.

[26]吕明瑜．知识产权垄断的法律控制[M]．北京：法律出版社，2013.

[27]刘继峰．反垄断法[M]．北京：中国政法大学出版社，2012.

[28]刘春田．知识产权法[M]．北京：中国人民大学出版社，2009.

[29]龙柯宇．滥用知识产权市场支配地位的反垄断规制研究[M]．武汉：华中科
技大学出版社，2016.

[30][美]理查德·A.波斯纳．法律的经济分析(上)[M]．蒋兆康，译．北京：
中国大百科全书出版社，1997.

[31][美]穆勒．专利法(第3版)[M]．沈超，等译．北京：知识产权出版
社，2013.

[32][美]马歇尔·C.霍华德．美国反托拉斯法与贸易法规[M]．孙南申，译.
北京：中国社会科学出版社，1991.

[33]马海生．专利许可的原则——公平、合理、无歧视许可研究[M]．北京：法律出版社，2010．

[34]毛丰付．标准竞争与竞争政策：以 ICT 产业为例[M]．上海：上海三联书店，2007．

[35]宁立志．知识产权法[M]．武汉：武汉大学出版社，2011．

[36]裴涵．技术标准化研究新论[M]．上海：上海交通大学出版社，2011．

[37]任声策．专利联盟中企业的专利战略[M]．上海：上海三联书店，2007．

[38]单晓光，江青云．欧洲知识产权典型案例[M]．北京：知识产权出版社，2011．

[39]施高翔．中国知识产权禁令制度研究[M]．厦门：厦门大学出版社，2011．

[40]尚明．对企业滥用市场支配地位的反垄断法规制[M]．北京：法律出版社，2007．

[41]时建中．反垄断法——法典释评与学理探源[M]．北京：中国人民大学出版社，2008．

[42]陶鑫良，袁真富．知识产权法总论[M]．北京：知识产权出版社，2005．

[43]吴汉东．中国知识产权制度评价与立法建议[M]．北京：知识产权出版社，2008．

[44]吴汉东．知识产权制度基础理论研究[M]．北京：知识产权出版社，2009．

[45]吴太轩．技术标准化的反垄断法规制[M]．北京：法律出版社，2011．

[46]吴广海．专利权行使的反垄断法规制[M]．北京：知识产权出版社，2012．

[47]王泽鉴．侵权行为法[M]．北京：中国政法大学出版社，2001．

[48]王军．侵权损害赔偿制度比较研究[M]．北京：法律出版社，2011．

[49]王先林．知识产权滥用及其法律规制[M]．北京：中国法制出版社，2008．

[50]王先林．中国反垄断法实施热点问题研究[M]．北京：法律出版社，2011．

[51]王晓晔．竞争法学[M]．北京：社会科学文献出版社，2007．

[52]王磊．市场支配地位的认定与反垄断法规制[M]．北京：中国工商出版社，2006．

[53]王玉民，马维野．专利商用化的策略与运用[M]．北京：科学出版社，2007．

[54][德]乌尔里希·施瓦尔贝，丹尼尔·齐默尔．卡特尔法与经济学[M]．顾一

泉，刘旭，译．北京：法律出版社，2014.

[55]徐士英．竞争法论[M]．上海：世界图书出版公司，2007.

[56]徐红菊．专利许可法律问题研究[M]．北京：法律出版社，2007.

[57]杨良宜，杨大明．禁令[M]．北京：中国政法大学出版社，2000.

[58]张广良．知识产权侵权民事救济[M]．北京：法律出版社，2003.

[59]张平，马晓．标准化与知识产权战略[M]．北京：知识产权出版社，2005.

[60]张平．冲突与共赢：技术标准中的私权保护[M]．北京：北京大学出版社，2011.

[61]张冬．专利权滥用认定专论[M]．北京：知识产权出版社，2009.

[62]张伟君，张韬略．知识产权与竞争法研究(第二卷)[M]．北京：知识产权出版社，2014.

[63]张晓都．专利民事诉讼法律问题与审判实践[M]．北京：法律出版社，2014.

(二) 中文论文类

[1]崔建远．为第三人利益合同的规格论——以我国合同法第64条的规定为中心[J]．政治与法律，2008(1).

[2]陈丽苹，王常清．标准必要专利权人滥用市场支配地位的反垄断规制研究[J]．武陵学刊，2016(5).

[3]段宏磊．中国反垄断法适用除外的系统解释[J]．社会科学，2018(3).

[4]丁文联．专利劫持与反向劫持：裁判定价或谈判定价[J]．竞争政策研究，2015(2).

[5]丁亚琦．论我国标准必要专利禁令救济反垄断的法律规制[J]．政治与法律，2017(2).

[6]龚赛红．关于侵权责任形式的解读——兼论绝对权请求权的立法模式[J]．法学杂志，2010(4).

[7]顾萍，张宏斌．标准必要专利下的相关商品市场界定方法及市场支配地位认定的考量因素[J]．电子知识产权，2013(12).

[8]郝俊淇，刘维俊．反垄断指南的功能探讨[J]．中国价格监管与反垄断，2015(9).

[9]胡洪.司法视野下的 FRAND 原则——兼评华为诉 IDC 案[J].科技与法律，2014(5).

[10]胡伟华.FRAND 原则下许可使用费的司法确定[J].人民司法(应用)，2015(15).

[11]胡允银，林霖.当代专利制度改革的理论思潮：劫持论与反向劫持论[J].科技进步与对策，2016(6).

[12]韩伟，徐美玲.标准必要专利禁令行为的反垄断规制探析[J].知识产权，2016(1).

[13]韩伟，尹锋林.标准必要专利持有人的市场地位认定[J].电子知识产权，2014(3).

[14]黄菁茹.论 FRAND 原则对标准必要专利权行使的限制[J].知识产权，2016(1).

[15]何怀文，陈如文.技术标准制定参与人违反 FRAND 许可承诺的法律后果[J].知识产权，2014(10).

[16]何炼红，邓欣欣.类型化视角下中国知识产权禁令制度的重构[J].中南大学学报(社会科学版)，2014(6).

[17]焦海涛，戴欣欣.标准必要专利不公平许可费的认定[J].竞争政策研究，2015(1).

[18]孔繁文，彭晓明.标准必要专利许可费计算基数之初步法律研究[J].中国发明与专利，2017(3).

[19]吕明瑜.知识经济条件下知识产权与反垄断法关系新特点探析[J].河南省政法管理干部学院学报，2008(1).

[20]李剑.标准必要专利许可费确认与事后之明偏见——反思华为诉 IDC 案[J].中外法学，2017(1).

[21]李剑.市场支配地位认定、标准必要专利与抗衡力量[J].法学评论，2017(2).

[22]李剑.中国反垄断执法机构间的竞争——行为模式、执法效果与刚性权威的克服[J].法学家，2018(1).

[23]李扬，刘影.FRAND 标准必要专利许可使用费的计算——以中美相关案件

比较为视角[J]. 科技与法律, 2014(5).

[24]李扬, 许清. 知识产权人停止侵害请求权的限制[J]. 法学家, 2012(6).

[25]李丹. 滥用标准必要专利的反垄断法规制[J]. 价格理论与实践, 2015(10).

[26]李慧颖. 专利劫持和反向专利劫持的法律关注[J]. 竞争政策研究, 2015
(2).

[27]罗献韬, 等. 竞争性专利联盟的形成分析[J]. 东北大学学报(自然科学
版), 2013(6).

[28]罗娇, 冯晓青. 标准必要专利使用费纠纷中"FRAND"义务的司法认定——
"华为技术有限公司与IDC公司标准必要专利使用费纠纷上诉案"探析[J].
中国法律, 2014(5).

[29]罗娇. 论标准必要专利诉讼的"公平、合理、无歧视"许可——内涵、费率
与适用[J]. 法学家, 2015(3).

[30]林平. 标准必要专利FRAND许可的经济分析与反垄断启示[J]. 财经问题研
究, 2015(6).

[31]林秀芹, 刘禹. 标准必要专利的反垄断法规制——兼与欧美实践经验对话
[J]. 知识产权, 2015(12).

[32]连冠. 比较法视野下FRAND承诺的反垄断责任[J]. 北京化工大学学报(社
会科学版), 2017(3).

[33]梁志文. 标准化组织知识产权政策实证研究[J]. 理论与改革, 2003(6).

[34]刘武朝. 标准必要专利与经营者集中附加限制性条件[J]. 工业技术创新,
2014(3).

[35]马海生. 标准必要专利许可费司法定价之惑[J]. 知识产权, 2016(12).

[36]马尚等. 标准必要专利禁令请求权的抗辩——从利益第三人合同的视角[J].
标准科学, 2017(9).

[37]马兰, 冯宪芬. 标准必要专利滥用的反垄断规制[J]. 中国发明与专利,
2017(6).

[38]孟雁北. 标准制定与实施中FRAND承诺问题研究[J]. 电子知识产权,
2014, 11.

[39]孟雁北. 规制与规制的限制: 透视中国反垄断法视野中的知识产权许可行

为——兼论中国〈知识产权领域反垄断执法指南〉的制定[J]. 中国社会科学院研究生院学报, 2012(1).

[40]宁立志. 专利搭售许可的反垄断法分析[J]. 上海交通大学学报(哲学社会科学版), 2010(4).

[41]宁立志, 李文谦. 不争执条款的反垄断法分析[J]. 法学研究, 2007(6).

[42]宁立志. 反垄断和保护知识产权的协调问题[J]. 竞争政策研究, 2017(5).

[43]秦天雄. 标准必要专利许可费率问题研究[J]. 电子知识产权, 2015(3).

[44]饶粤红. 探析合理原则在现代反垄断法中的适用[J]. 经济与社会发展, 2007(3).

[45]任天一, 石巍. FRAND许可的经济分析及争端解决机制探究[J]. 科技与法律, 2017(1).

[46]孙佑海, 等. 2011年修改后的〈民事案件案由规定〉的理解与适用[J]. 人民司法, 2011(9).

[47]史少华. 标准必要专利诉讼引发的思考——FRAND原则与禁令[J]. 电子知识产权, 2014(1).

[48]时建中, 王伟炜. 论反垄断法中相关市场的含义及其界定——兼论我国部分行业相关市场的界定[J]. 重庆社会科学, 2009(4).

[49]谭袁. 论标准制定组织披露规则的完善[J]. 北方法学, 2017(5).

[50]田丽丽. 论标准必要专利许可中FRAND原则的适用[J]. 研究生法学, 2015(2).

[51]唐要家, 尹温杰. 标准必要专利歧视性许可的反竞争效应与反垄断政策[J]. 中国工业经济, 2015(8).

[52]魏立舟. 标准必要专利情形下禁令救济的反垄断法规制——从"橘皮书标准"到"华为诉中兴"[J]. 环球法律评论, 2015(6).

[53]王配配. 标准必要专利许可FRAND原则的法律地位分析[J]. 生产力研究, 2016(2).

[54]王健. 关于推进我国反垄断私人诉讼的思考[J]. 法商研究, 2010(3).

[55]王渊, 赵世桥. 标准必要专利禁令救济滥用的反垄断法规制研究[J]. 科技管理研究, 2016, 24.

[56]王众，刘刚．论知识产权视野中的技术标准[J]．云南警官学院学报，2009（2）．

[57]王先林．涉及专利的标准制定和实施中的反垄断问题[J]．法学家，2015（4）．

[58]王先林．论反垄断法中的本身违法规则和合理分析规则[J]．中国物价，2013（12）．

[59]王先林．关于制定我国滥用知识产权反垄断指南的若干思考[J]．价格理论与实践，2015（10）．

[60]王玮．技术标准中必要专利的认定[J]．科技创新与知识产权，2012（9）．

[61]王斌．FRAND承诺对标准基本专利权利行使的影响[J]．电子知识产权，2013（12）．

[62]王渊，赵世桥．标准必要专利禁令救济滥用的反垄断法规制研究[J]．科技管理研究，2016，24．

[63]王晓晔．论标准必要专利的特殊性[J]．中国价格监管与反垄断，2015（10）．

[64]王晓晔．标准必要专利反垄断诉讼问题研究[J]．中国法学，2015（6）．

[65]王晓晔，丁亚琦．标准必要专利卷入反垄断案件的原因[J]．法学杂志，2017（6）．

[66]吴太轩．标准必要专利权人滥用禁令请求权的反垄断法规制[J]．竞争政策研究，2017（2）．

[67]吴文嫔．第三人利益合同之效力根源：法律对第三人合同利益之正当化[J]．河北法学，2007（12）．

[68]吴广海．专利打包许可中过期收取许可费的法律规制[J]．南京理工大学学报（社会科学版），2010（6）．

[69]徐家力．标准必要专利许可费之争——以"高通诉魅族"案为切入点[J]．江苏社会科学，2018（1）．

[70]尹雪萍．标准必要专利禁令之诉的竞争法边界——以欧盟2015年华为诉中兴案为视角[J]．东岳论丛，2016（4）．

[71]岳贤平，顾海英．专利联盟的微观机理研究[J]．情报科学，2006（5）．

[72]袁真富．基于侵权抗辩之专利默示许可探究[J]．法学，2010（12）．

[73]袁嘉,王圣宇.FRAND 原则在标准必要专利纠纷案中的适用——结合华为诉 IDC 案进行分析[J].竞争政策研究,2015(3).

[74]袁波.标准必要专利权人市场支配地位的认定——兼议"推定说"和"认定说"之争[J].法学,2017(3).

[75]叶军.经营者集中法律界定模式研究[J].中国法学,2015(5).

[76]叶明,陈耿华.互联网不正当竞争案件中竞争关系认定的困境与进路[J].西南政法大学学报,2015(1).

[77]叶若思,祝建军,等.标准必要专利使用费纠纷中 FRAND 规则的司法适用——评华为公司诉美国 IDC 公司标准必要专利使用费纠纷案[J].电子知识产权,2013(4).

[78]杨东勤.确定 FRAND 承诺下标准必要专利许可费费率的原则和方法——基于美国法院的几个经典案例[J].知识产权,2016(2).

[79]朱雪忠,李闯豪.论默示许可原则对标准必要专利的规制[J].科技进步与对策,2016,23.

[80]朱雪忠,周璐.我国专利产生政策演化路径分析与构建——基于熵的视角[J].科学研究,2015(7).

[81]朱理.标准必要专利禁令救济问题的反垄断分析[J].今日财富(中国知识产权),2016,3.

[82]詹映,朱雪忠.标准和专利战的主角——专利池解析[J].研究与发展管理,2007(1).

[83]詹昊,等.专利拒绝许可反垄断法适用问题的比较研究[J].竞争政策研究,2016(4).

[84]鲁灿,詹锐.从 eBay 案看美国专利保护趋势兼论我国专利"停止侵权"责任方式[J].电子知识产权,2006(9).

[85]赵启杉.论标准必要专利侵权案件停止侵权抗辩规则的构建——兼论德国标准必要专利停止侵权抗辩规则之新发展[J].中国专利与商标,2017(2).

[86]赵启彬.竞争法与专利法的交错:德国涉及标准必要专利侵权案件禁令救济规则演变研究[J].竞争政策研究,2015(2).

[87]赵启彬.标准必要专利合理许可费的司法确定问题研究[J].知识产权,

2017(7).

[88]张平. 涉及技术标准 FRAND 专利许可使用费率的计算[J]. 人民司法, 2014 (4).

[89]张平. 论涉及技术标准专利侵权救济的限制[J]. 科技与法律, 2013(5).

[90]张家勇. 论合同保护第三人的路径选择[J]. 法律科学(西北政法大学学报), 2016(1).

[91]张吉豫. 标准必要专利"合理无歧视"许可费计算的原则与方法——美国 "Microsoft Corp. v. Motorola Inc."案的启示[J]. 知识产权, 2013(8).

[92]张永忠, 王绎凌. 标准必要专利诉讼的国际比较: 诉讼类型与裁判经验[J]. 知识产权, 2015(3).

[93]郑友德, 杨国云. 现代反不正当竞争法中"竞争关系"之界定[J]. 法商研究, 2002(6).

[94]祝建军. 标准必要专利使用费条款: 保密抑或公开——华为诉 IDC 标准必要专利案引发的思考[J]. 知识产权, 2015(5).

[95]仲春. 标准必要专利禁令滥用的规制安全港原则及其他[J]. 电子知识产权, 2014(9).

[96]仲春. 标准必要专利相关市场界定与市场支配地位认定研究[J]. 知识产权, 2017(7).

(三)硕士、博士论文类

[1]陈闻晔. 论专利停止侵权救济的限制[D]. 上海: 华东政法大学, 2015.

[2]丁亚琦. 标准必要专利的反垄断规制研究[D]. 长沙: 湖南大学, 2017.

[3]郭济环. 标准与专利的融合、冲突与协调[D]. 北京: 中国政法大学, 2011.

[4]关研新. 技术标准中的反垄断问题研究[D]. 上海: 复旦大学, 2008.

[5]李霞. 欧盟竞争法对知识产权滥用市场支配地位的规制[D]. 上海: 华东政法大学, 2014

[6]马海生. 专利许可的原则——公平、合理、无歧视许可研究[D]. 重庆: 西南政法大学, 2009.

[7]宁鸣阳. 国家强制性技术标准中的专利问题研究——兼评"国家标准涉及专

利的管理规定(暂行)"[D].北京：北京化工大学，2015.

[8]秦键.论技术标准中专利权滥用的法律规制——以最高人民法院的答复函为解读视角[D].北京：北京大学，2009.

[9]秦榕.停止侵害在专利侵权诉讼中的适用与限制问题研究[D].苏州：苏州大学，2016.

[10]沈卫地.标准必要专利许可中的利益平衡研究[D].上海：华东政法大学，2016.

[11]阮秀敏.FRAND原则下标准必要专利许可的司法焦点问题研究[D].北京：北京外国语大学，2016.

[12]王配配.标准必要专利许可FRAND条款的法律性质研究[D].杭州：中国计量大学，2016.

[13]王艳.专利侵权不适用停止侵权救济的探析[D].烟台：烟台大学，2017.

[14]王颖.技术标准中的专利反向劫持行为及其规制[D].杭州：浙江工商大学，2018.

[15]徐曾沧.WTO背景下技术标准中专利并入的法律问题研究[D].上海：华东政法大学，2008.

[16]徐美玲.反垄断法视角下标准必要专利权人的禁令救济规制[D].北京：中国青年政治学院，2016.

[17]徐敏.标准必要专利禁令规则研究[D].湘潭：湘潭大学，2017.

[18]肖文祥.专利投机行为的法律规制研究[D].长沙：中南大学，2010.

[19]杨帆.技术标准中的专利问题研究[D].北京：中国政法大学，2006.

[20]闫路萍.标准必要专利合理许可费率问题研究[D].天津：天津师范大学，2015.

[21]周贤钜.欧美滥用标准必要专利反垄断法规制的比较研究[D].广州：暨南大学，2016.

[22]周林成.标准必要专利的禁令救济研究[D].厦门：厦门大学，2014.

[23]周俊.技术标准下专利权滥用行为的反垄断规制研究[D].苏州：苏州大学，2013.

[24]朱文慧.标准必要专利滥用的法律规制研究[D].上海：华东政法大

学, 2015.

[25] 朱淑雯. FRAND 原则下标准必要专利纠纷问题分析 [D]. 南京：南京大学, 2018.

[26] 邹亚. 标准必要专利许可费形成机制研究 [D]. 成都：电子科技大学, 2018.

二、外文类文献

[1] Alden F. Abbott. Standard Setting, Patents and Competition Law Enforcement—the Need for U. S. Policy Reform [J]. CPI Antitrust Chronicle, 2015 (1).

[2] Bean David. Injunctions (9th edition) [M]. England：Sweet & Maxwell, 2007.

[3] Bo V. Antitrust Enforcement and Civil Rights：SEPs and FRAND Commitments [J]. Antitrust Chronicle, 2014 (8).

[4] Bhavsar S A. Standards Essential Patents：Judge Takes a Stand on FRAND [J]. Asia-Pacific Journal of Clinical Oncology, 2013 (S5).

[5] Chappatte P. FRAND Commitments—The Case for Antitrust Intervention [J]. European Competition Journal, 2009 (2).

[6] Crampes C, Langinier C. Litigation and Settlement in Patent Infringement Cases [J]. Rand Journal of Economics, 2002 (33).

[7] Dewatripont M, Legros P. "Essential" Patents, FRAND Royalties and Technological Standards [J]. Journal of Industrial Economics, 2013 (61).

[8] Daryl Lim. Standard Essential Patents, Trolls and the Smartphone Wars：Triangulating the End Game [J]. Penn State Law Review, 2014 (119).

[9] Dehez P, Poukens S. The Shapley Value as a Guide to FRAND Licensing Agreements [J]. Review of Law & Economics, Working Papers of Beta, 2014 (3).

[10] Dan L. Burk, Mark A. Lemley. Policy Levers in Patent Law [J]. VA L. REV., 2003.

[11] Gustavo Ghidin. Intellectual Property and Competition law [M]. England：Edward Elgar Publishing, Inc., 2007.

[12] Gupta K. The Patent Policy Debate in the High-Tech World [J]. Journal of Competition Law & Economics, 2013 (4).

[13] Geradin D, Rato M. FRAND Commitments and EC Competition Law: A Reply to Philippe Chappatte[J]. European Competition Journal, 2010(1).

[14] Howard F. Chang. PatentScope, Antitrust Policy, and Cumulative Innovation[J]. RAND Journal of Economics, 1995(1).

[15] Henningsson K. Injunctions for Standard Essential Patents under FRAND Commitment: A Balanced, Royalty-Oriented Approach [J]. the International Review of Intellectual Property and Competition Law (IIC), 2016(4).

[16] Heath, Christopher, Intellectual Property in the Digital Age: Regulation through Technology[J]. Kluwer Law International, 2001 (4).

[17] Jeremy Mulder. The Aftermath of e Bay: Predicting When District Courts Will Grant Permanent Injunctions in Patent Cases [J]. Berkeley Technology Law Journal, 2007(1).

[18] Joseph S. Miller. Standard-Setting, Patents, and Access Lock-in: FRAND Licensing and the Theory of the Firm[J]. 40 IND. L. REV, 2007.

[19] Gregory Sidak J: The Meaning of FRAND, PartII: Injunctions [J]. Journal of Competition Law and Economics, 2015.

[20] James D. Nelson, Victoria M. Pond. Developments in Antitrust Law That Impact Intellectual Property Licensing Transactions[J]. Defense Counsel Journal, 2011 (3).

[21] Kesan, Jay P, Carol Mullins Hayes. FRAND's Forever: Standards, Patent Transfers, and Licensing Commitments[J]. Indiana Law Journal, 2014, 89(1).

[22] Kimmel L. Injunctive Relief for Infringement of FRAND-Assured Standard-Essential Patents: Japan and Canada Propose New Antitrust Guidance [J]. Antitrust Chronicle, 2015(10).

[23] Katrin Cremers. Settlement During Patent Litigation Trials-An Empirical Analysis for Germany[J]. Journal of Technology Transfer, 2009(2).

[24] Larouche P, N Zingales. Injunctive Relief in Disputes Related to Standard-Essential Patents: Time for the CJEU to Set Fair and Reasonable Presumptions [J]. European Competition Journal, 2014(3).

［25］Mark A. Lemley, Carl Shapiro. A Simple Approach to Setting Reasonable Royalties for Standard-Essential Patents［J］. SSRN Electronic Journal, 2013(28).

［26］Moton Denlow. The Motion for A Preliminary Injunction-Time for A Uniform Federal Standard［J］. Review of Litigation, 2003(22).

［27］Mark A. Lemley, Carl Shapiro. Patent Holdup and Royalty Stacking［J］. Texas Law Review, 1991(85).

［28］Michael A. Carrier. A Roadmap to the Smartphone Patent Wars and FRAND Licensing［J］. CPI Antitrust Chronicle, 2012(2).

［29］Mark A. Lemley. Antitrust and the Internet Standardization Problem［J］. SSRN Electronic Journal, 1996(28).

［30］Patrick D. Curran. Standard-Setting Organizations: Patents, Price fixing, and Per Se Legality［J］. The University of Chicago Law Review, 2003(3).

［31］Robin C. Feldman. The Insufficiency of Antitrust Analysis for Patent Misuse［J］. HASTINGS L. J, 2003: 55.

［32］Steven E. Shapiro. Preliminary Injunction Motions in Patent Litigation［J］. IDEA: The Journal of Law and Technology, 1993: 323.

［33］Shapiro C. Navigating the Patent Thicket: Cross Licenses, Patent Pools, and Standard Setting［M］. Beijing: Social Science Electronic Publishing, 2001.

［34］Takanori Abe. IP High Court Rules in Apple v. Samsung FRAND Case［J］. International. Briefings, 2014(9).